Die Landgüterordnung

Kaiser Karls des Grofsen.

(Capitulare de villis vel curtis imperii.)

Text-Ausgabe
mit Einleitung und Anmerkungen

herausgegeben

von

Dr. Karl Gareis,
Geh. Justizrath, ord. Professor der Rechte in Königsberg i. Pr.

BERLIN SW[48]
Wilhelmstrafse 119/120.

J. Guttentag, Verlagsbuchhandlung.

1895.

Die Landgüterordnung Kaiser Karl's d. Gr.[1])

Einleitung.

Keine der zahlreichen Verordnungen des grofsen Kaisers Karl kann sich an politischer Tragweite mit der unter dem Titel Capitulare de villis bekannten Landgüterordnung Karl's messen, alle Karolingischen Gesetze werden von ihr

---

[1]) Die Literatur, welche sich mit dem Capitulare de villis beschäftigt, ist sehr umfangreich. Ueber die Handschrift, nach welcher die bisherigen Drucke desselben hergestellt sind, sowie über diese Drucke selbst siehe Boretius in Monumenta Germaniae Historica Legum sectio II, Capitularia regum francorum Tomus I Hannoverae MDCCCLXXXIII, p. 82 ff.; hier sind die Uebersetzungen und Bearbeitungen, sowie Erläuterungen angeführt, welche das Cap. de Villis insbesondere durch Bruns, Tresenreuter, Kinderling und Anton, dann durch Guérard (in den Mémoires de l'Institut impérial de France, Académie des inscriptions et belles-lettres 1857, Tome 21, I p. 165 ff.), Meyer 1856, und A. Thaer 1878, erfahren hat; eine stückweise Uebersetzung des Cap. de villis siehe auch bei Erler, Deutsche Geschichte Bd. II, S. 64 ff.

Ferner beschäftigen sich mit dem Capitulare: G. L. von Maurer, Geschichte der Fronhöfe, der Bauernhöfe und der Hofverfassung in Deutschland Bd. I, 1862, S. 121 ff., 212 ff., 229 ff.; Gg. Waitz, Deutsche Verfassungsgeschichte Bd. IV, S. 141 ff.; K. Lamprecht, Wirthschaftsleben I, S. 719 ff., 804 ff. (vgl. auch Desselben Deutsche Geschichte Bd. II, 1892, insbesondere S. 40 ff.); K. T. v. Inama-Sternegg, Deutsche Wirthschaftsgeschichte bis zum Schlufs der Karolingerperiode (I. Band seiner Deutschen Wirthschaftsgeschichte) 1879, S. 123 ff., Derselbe in G. Schmoller's staats- und socialwissenschaftl. Forschungen Bd. I, 1. Heft 1878; R. Schröder, Lehrbuch der deutschen Rechtsgeschichte, 2. Aufl. 1894, § 26, S. 193 ff.; H. Brunner, Deutsche Rechtsgeschichte (Binding, Hdbch. d. deutschen Rechtswissenschaft II, I) Bd. II, §§ 68, 75, S. 71 ff., 125; F. Dahn, Urgeschichte der germanischen und romanischen Völker in W. Oncken's Allgemeine Geschichte in Einzeldarstellungen Bd. IV (1889)

überragt: Der auf das Grofse gerichtete politische Weitblick und ebenso die auf das Kleinste Bedacht nehmende Herrschersorgfalt — Beides tritt in Karls Landgüterordnung auf das Glänzendste, die Regierungskunst und Herrscherweisheit ihres Urhebers in jeder Zeile deutlich erweisend, zum Vorschein.

I. Vor allem ist es die **socialpolitische** Bedeutung, wodurch sich das Capitulare de villis auszeichnet. Um diese einigermafsen würdigen zu können, mufs man bedenken, in welchen socialen Zustand das Frankenvolk, von der Eroberung Galliens an, gelangt war. Wohl schon zu Chlodwigs Zeit war das altgermanische Wirthschaftsleben, welches theils als Einzelhofwirthschaft, theils als Sippenwirthschaft zu denken ist und in welchem sich als höheres Einigungsmittel über dem Sippenverband höchstens noch die engbegrenzte Führerschaft eines Gauhäuptlings in Kämpfen geltend machte, unmöglich oder unzureichend geworden und aufgegeben. Das Sippenband hatte nicht mehr die alte Kraft, und auch diese hätte wohl nicht mehr ausgereicht, den socialpolitischen Anforderungen im neugegründeten Grofsstaat zu genügen; ein auf dem Ruhme uralten Geschlechtes beruhender Gau- oder Kleinadel war abgesehen von den Merowingern entweder überhaupt nie vorhanden bei den Salfranken oder zu Gunsten des Stammkönigthums weggefegt worden; die Marschformationen, in welche die Wanderung und Eroberung im Jahrhundert Chlodwigs die freien Männer und ihre Sippen gebracht hatte, nämlich die Hundertschaften oder ähnliche Sammelmassen, waren entweder garnicht in den Friedensstand und

---

S. 52, 65 u. a. Derselbe in Geschichte der europäischen Staaten, Gotha 1888, Deutsche Geschichte I. Band. Zweite Hälfte, S. 479 ff.; H. F. Gengler, Germanische Rechtsdenkmäler (1885) S. 57, 684 ff. Siegel, Deutsche Rechtsgeschichte S. 42. v. Schulte, Lehrb. d. deutschen Reichs- u. Rechtsgesch., 6. Aufl. § 44 Anm. *. A. Schwappach, Handbuch d. Forst- und Jagdgeschichte Deutschlands, Bd. I 1886; Fr. Ilwof in der Zeitschr. f. d. gesammte Staatswissenschaft Bd. 47 (1891) S. 416 ff. Karl Gareis, Bemerkungen zu Kaiser Karl's des Grofsen Capitulare de villis, in: Germanistische Abhandlungen zum LXX. Geburtstag Konrad von Maurer's, dargebracht von O. Brenner. F. Dahn u. s. w. Göttingen 1893, S. 207—247.

in die Landvertheilung übergeführt oder unzureichend geworden; und bei all' dem war die Stellung und Bedeutung des einzelnen freien Mannes für sich allein, wenn ihn nicht die Woge des Kampfes oder die Gunst des Herrschers in die Höhe hob, eine gedrückte, seine wirthschaftliche Existenz vielfach gefährdet; selbst das den Rechtsfrieden fördern sollende Kompositionensystem drückte — vermöge der Höhe der Bufssätze und der dadurch drohenden Verknechtung und Verarmung — in bedenklicher Weise auf den freien Mann.

So war denn die alte Ordnung während der Stammeswanderung und Landeroberung der Franken zersetzt; den auflösenden Elementen gegenüber stand aber seit Chlodwig die starke Königsmacht, welche über weites Land und mittels desselben über zahlreicher Menschen Kräfte verfügte, und die starke Macht Derer, denen der König, weil oder damit sie ihm dienten, Land und Gewalt gegeben. Hiermit sind die wichtigsten Koncentrationspunkte der neu sich bildenden Gesellschaft angedeutet. Es waren dies nicht die einzigen, denn aufser ihnen wirkten noch zwei neue Organisationen, die Markgenossenschaft und die in dieser Periode beginnenden Gilden, gestaltend und ordnend auf die Gesellschaft ein; aber der Grofsgrundbesitz, vor allem der des Königs, dann der der Kirche und der vom Könige ausgestatteten weltlichen Grofsen war bei weitem das wirkungsreichste Ferment und der Träger der mächtigsten und natürlichsten Interessen der neuen Gesellschaft.[2])

Verfügte sonach der Grofsgrundbesitz über die meisten Mittel, seine und Anderer Interessen zu vertreten, so war die Ordnung des Grofsgrundbesitzes und die Einfügung derselben in die des staatlichen Organismus von ganz besonderer Wichtigkeit.

---

[2]) Vgl. Gierke, Das deutsche Genossenschaftsrecht Bd. I (1868), S. 137, 142 u. a., insbesondere S. 99 ff.; K. T. von Inama-Sternegg, Deutsche Wirthschaftsgeschichte bis zum Schlufs der Karolingerperiode S. 123 ff. Derselbe in G. Schmoller's staats- und socialwissenschaftlichen Forschungen Bd. I, 1. Heft 1878. Gareis, Bemerkungen zu Kaiser Karl's des Grofsen Capitulare de villis S. 243 ff.

Das Capitulare de villis läfst uns erkennen, wie der königliche Grofsgrundbesitz in den Staat eingefügt und wie dessen Bevölkerung social fungirte und geordnet war. Wir entnehmen der genannten Landgüterordnung die feste Regelung der von den Angestellten der Krongüter zu leistenden gemessenen Dienste, wodurch eine Ueberlastung und jede Willkür ausgeschlossen war. (Vgl. z. B. c. 3, 10, 11 u. a.) Wir entnehmen dem Capitulare eine Reihe von Vorschriften, welche die pflegliche Behandlung des gesammten Krongutgesindes und den Schutz desselben vor dem Herabsinken in das Proletariat energisch bezwecken. Es ist hierher zu rechnen die Regelung der Deliktshaftung des Gütergesindes, ferner die Regelung des Beschwerdeweges, also die Herstellung eines wirklichen Rechtsschutzes für alle auf den königlichen Gütern Angestellten und Bediensteten. (Vgl. c. 2, 4, 29 u. 57.)

Aber wichtiger noch als alle diese Einzelheiten sind zwei den Kernpunkt der socialen Frage treffende Gruppen von Vorschriften des Capitulare de villis, nämlich die die Auftheilung der Grundrente betreffenden und die auf die Organisation der gewerblichen Arbeit bezüglichen Normen der Landgüterordnung.

Dieselbe Rolle, welche in vorgeschritteneren Entwickelungen, insbesondere in der Geld- und Kreditwirthschaft der Unternehmergewinn wirthschaftlich spielt, kommt in Zeiten der Naturalwirthschaft eines wesentlich von den Erzeugnissen des Grund und Bodens lebenden Volkes und Fiskus der Grundrente zu. Und wie die Stellung des Arbeitslohnes und der Arbeiterversicherung zum Unternehmergewinn das social-wirthschaftliche Hauptproblem in den Perioden der Geld- und Kreditwirthschaft ist, so mufs die Auftheilung der Grundrente zwischen den Herren und den Arbeitern des Bodens als das socialpolitische Problem der Zeit der Naturalwirthschaft erkannt werden. Letzteres richtig erfafst zu haben, möchten wir als das Hauptverdienst des Urhebers unserer Landgüterordnung rühmen: Es liegt darin, dafs die Versorgung der Tausende von landwirthschaftlichen Arbeitern und Handwerkern, welche wir auf den Krongütern Karls beschäftigt sehen — und diese Güter waren die Musterwirthschaften für das ganze Reich, auch für die kirchlichen Gutsverwaltungen[3]) — nach der Einrichtung des Capitulare in der Regel durch Zuweisung von Beneficien oder wenigstens von Mansen zu erfolgen hat, d. h. also, daſs den Angestellten, welchen die Bebauung und Bewirthschaftung des herrschaftlichen Grundbesitzes oblag, selbst so groſse Theile dieses Grundbesitzes zur Bewirthschaftung im eigenen Nutzen zugewiesen waren, daſs hierdurch an Stelle eines sklavereiartig drückenden Latifundienbetriebes der in jeder Hinsicht wohlthätig wirkende Bestand einer erblich versorgten Kleinbauernschaft eingebürgert wurde und jeder Groſsgrundbesitz den Charakter eines Systems von organisch zusammenhängenden, um den Herrensitz gruppierten und für diesen wie für sich schaffenden Kleinwirthschaften erhält.[4])

Wem vor Augen steht, welche Bedeutung heutzutage der Frage der Beschaffung landwirthschaftlicher Arbeiter, dann der Frage der dauernden Sicherstellung derselben, der Schaffung von Pacht- und Rentengütern in dem Komplex der Groſsgüter u. s. w. zukommt, dem werden die Maſsregeln von Karls Landgüterordnung in ihrer ganzen Groſsartigkeit klar werden, und dabei muſs bedacht werden, daſs die Karolingische Zeit nicht aus ruhigen Verhältnissen eines geordneten staatlichen und wirthschaftlichen Lebens heraus den Neubau ihrer wirthschaftlichen Organisation durchzuführen hatte, sondern in zerrütteten Verhältnissen mit den Trümmern einer römisch-gallischen Kultur einerseits und den Resten fränkisch-germanischer Lebens- und Anschauungsweise zu operiren gezwungen war.

II. Gelang der Karolingischen Zeit die Lösung des landwirthschaftlich-socialen Problems mittels der angedeuteten Auftheilung der Grundrente für eine Reihe von Jahrhunderten und verdient die Landgüterordnung von

---

[3]) Nitsch, Geschichte des deutschen Volkes Bd. I, S. 214. Gareis, Bemerkungen a. a. O. S. 210 u. 235.

[4]) Vgl. hierzu die trefflichen Ausführungen von Heinrich Brunner, Deutsche Rechtsgeschichte Bd. I, S. 209 u. 210, auch Gierke a. a. O. und von Inama-Sternegg a. a. O., Gareis, Bemerkungen S. 243, 246 u. a.

diesem Standpunkte aus hohe Anerkennung, so ist nicht minder wichtig, was in ihr an Anfängen zur Organisation des Handwerks, der gewerblichen Arbeit zu finden ist. Mehr als ein Dutzend verschiedener Handwerke werden in unserm Capitulare genannt (c. 45 u. a.). Für jedes Handwerk sind Vorgesetzte (magistri, Handwerksmeister) und Untergeordnete (juniores) bestellt; hierin und in der weiteren Einrichtung, dafs die Magistri — Handwerksmeister — für ihr Amt (Handwerk, officium, ministerium) dem königlichen Amtsvorsteher Bericht zu erstatten und Rechnung zu stellen haben (c. 63), und ferner darin, dafs denselben Meistern die Vertretung ihrer Handwerksgenossen, Gehilfen und Untergebenen in deren Rechtsansprüchen zukommt und obliegt (c. 29, 57), dürfen, ja müssen wir die deutlichen Anfänge des späteren Zunftwesens, der obligatorischen Innungen des deutschen Mittelalters, die erste Organisation des deutschen Handwerks erkennen.[5])

III. Neben der grofsartigen socialpolitischen Bedeutung kommt der Landgüterordnung Karls eine hohe **finanzielle** Wichtigkeit zu, sie ist bestimmt, die Mifsstände zu bekämpfen, unter welchen der Ertrag der Krongüter, welche die Haupteinnahmen für den fränkischen Staat zu liefern bestimmt waren,[6]) litt oder ganz in Frage gestellt werden konnte. Diese Mifsstände bestanden in Bezug auf die königlichen Beneficialgüter darin, dafs deren Bebauung vernachlässigt, ja sie selbst in ihrer Substanz geschädigt, allodificirt und zum Nachtheil des Königs und des Staats weiter veräufsert wurden. Auf den nicht zu Beneficien gegebenen, sondern in eigener Staatsverwaltung bewirthschafteten Landgütern aber, welche wir zum Unterschiede von den könig-

---

[5]) Vgl. L. v. Maurer, Fronhöfe Bd. I, S. 241, 244, Bd. II. S. 315, Derselbe, Städteverfassung Bd. II, S. 365, Gierke, Das deutsche Genossenschaftsrecht Bd. I, S. 360 ff., Gareis, Bemerkungen zu Kaiser Karl's des Grofsen Capitulare de villis S. 246, 247.

[6]) Brunner, Deutsche Rechtsgeschichte § 26 (I S. 203), 60 (II S. 9), 95 (II S. 118 ff.). Schröder, Deutsche Rechtsgeschichte § 26 S. 193 ff. Dahn, Zum Merowingischen Finanzrecht (angegeb. Festschrift f. K. v. Maurer) S. 336, 339 ff. — v. Schulte a. a. O. S. 108.

lichen Beneficialgütern königliche Regiegüter (fisci)[7]) nennen, war hauptsächlich der Mifsstand zu bekämpfen, dafs die Erträgnisse derselben von deren Verwaltern verwendet wurden, wie wenn die Regiegüter Beneficialgüter der Amtmänner wären, und dafs die casati und sonstige Ganz- und Halbunfreie der Regiegüter behandelt wurden, wie wenn sie mansionarii oder dergl. von Beneficialgütern oder gar der Amtmänner selbst wären.

Um diese Mifsstände zu bekämpfen, ordnete der Kaiser vor allem die Aufstellung genauer Verzeichnisse der Beneficialgüter und der Regiegüter, sowie der zu den Beneficien gehörigen Bediensteten, dann die scharfe Trennung der Arbeitskräfte und Erträgnisse der Regiegüter von den Arbeitskräften und Erträgnissen der Beneficialgüter an. In Bezug auf die Anfertigung genauer Güterverzeichnisse waren die von Klöstern und andern kirchlichen Anstalten längst eingeführten Aufzeichnungen gewifs das Vorbild.[8]) Mit der schärfsten Auseinanderhaltung der Erträgnisse der Regiegüter von denen der Beneficien hebt das Capitulare de villis in seiner durch nachfolgende Vorschriften detaillirter ausgeführten ersten Bestimmung an: Diejenigen königlichen Landgüter, welche wir nicht als Beneficien vergabt, sondern in eigene Staatsverwaltung (Regiebetrieb) gestellt haben, sollen ihre Erträgnisse ganz und voll der Staatskasse liefern, nicht andern Leuten, insbesondere nicht den mit der Güterverwaltung betrauten kaiserlichen Beamten, nicht etwa den judices (Amtmännern, Herrschaftsrichtern), majores (Meiern), forestarii (Forstbeamten) u. s. w. — auch nicht wenn diese Beamten etwa Beneficien auf der villa selbst oder in nächster Nähe derselben haben sollten.[9]) Die Durchführung dieses Grundgedankens der finanzpolitischen Seite unseres Capitulare erheischt zahlreiche Einzelmafsregeln, Inventarisation, Aufstellung von Voranschlägen,[10]) Anfertigung von hierauf

---

[7]) Ueber dieses Wort siehe unten c. 4 und Dahn, Zum Merowingischen Finanzrecht S. 339 ff.

[8]) Vgl. Gareis, Bemerkungen a. a. O. S. 235 und die Anmerkung 2 ebenda.

[9]) Siehe unten c. 1 und die Anmerkungen hierzu.

[10]) Siehe c. 30, 31, 32, 33, 55, 62 u. a.

fufsenden Jahresabschlüssen[11]) u. s. w., sie erreicht aber auch eine durchaus klare, wohlgeordnete Finanzwirthschaft.

IV. Neben den beiden Hauptaufgaben, der socialpolitischen und der finanziellen, sucht unser Capitulare noch zahlreiche andere Ziele zu erreichen, denn auch das Militärwesen,[12]) die kirchlichen Organisationen,[13]) die Hausindustrie,[14]) der Handel,[15]) das Arzneiwesen[16]) und zahlreiche andere Dinge, die für die Staats- und Volkswohlfahrt von Wichtigkeit sind, werden, wie die Betrachtung der einzelnen capitula (s. u. nebst den Anmerkungen zu diesen) ergeben wird, in verständiger Weise berührt.

V. Was die **Zeit** der Entstehung des Capitulare de villis anlangt, so sind zwar die Meinungen hierüber getheilt, aber die genaue Betrachtung des Inhalts der einzelnen Vorschriften ergiebt in Verbindung mit der Erwägung der allgemeinen Zeitverhältnisse, dafs Karl der Grofse seine Landgüterordnung im Jahre 812 erlassen hat.[17]) Voran ging unserm Capitulare das jedenfalls vor die Synode von Rheims (813) und frühestens in das Spätjahr 811 zu setzenden, in Boulogne erlassene Capitulare de justitiis faciendis,[18]) während das von Pertz I, p. 187[19]) und Boretius p. 170[20])

---

[11]) S. z. B. c. 15, 20, 28, 55.

[12]) S. z. B. c. 64, 68.

[13]) S. c. 6, vergl. auch das Zaubereiverbot in c. 51.

[14]) S. z. B. c. 31, 43, 34, 66, 41, 48, 45, 61, 62.

[15]) S. z. B. c. 9, 54, 62, auch 33, 39, 44, 65.

[16]) S. c. 70.

[17]) Die Untersuchung über die Zeit der Entstehung des Capitulare de villis, namentlich die Zurückweisung der Meinung Vieler, dafs unser Capitulare schon im Jahre 800 oder noch früher entstanden sei, bildet den Hauptinhalt meiner „Bemerkungen zu Kaiser Karl's des Grofsen Capitulare de villis" in den „Germanistischen Abhandlungen zum LXX. Geburtstag Konrad von Maurer's". Göttingen 1893, insbesondere S. 311 ff., 323, 332.

[18]) Pertz, Monumenta Germaniae historica LL, I 174. Boretius a. a. O. S. 176, 177, Gareis a. a. O. S. 215 ff., 232.

[19]) Pertz, Mon. Germ. hist. LL. I, p. 187, cf. ibid. S.S. I p. 310. Baluze I, 505.

[20]) Capitularia regum francorum a. a. O. Boretius datiert dieses Capitulare zw. 801—813.

mitgetheilte Capitulare Aquisgranense in das Jahr 813 zu setzen ist.[21])

Unter dem Namen „Brevium exempla ad describendas res ecclesiasticas et fiscales“ sind bei Pertz I, 175 ff. und Boretius p. 250 ff. echte oder (ganz oder theilweise) fingirte Berichte über Inventaraufnahmen zu Staphinseie (vermuthlich Kloster Staffelsee, Bist. Augsburg), ferner aus Besitzungen des Klosters Weifsenburg im Wormser Gau und endlich über Inventaraufnahmen zu Asnapium, einem königlichen Hofgut,[22]) mitgetheilt; diese stehen jedenfalls mit der Landgüterordnung Karls des Grofsen in irgend einer Verbindung. Boretius nimmt an, dafs jene Berichte nach dem Capitulare de villis abgefafst worden seien; es ist aber auch möglich

---

[21]) Vgl. Gareis a. a. O. S. 224 ff., 232 in der Anmerkung. Das Cap. Aquisgranense vom Jahre 813 sucht auf dem Wege der Gesetzgebung zu erreichen, was auf dem vorher beschrittenen Verordnungswege nicht oder wenigstens nicht vollständig durchzusetzen war. man vergleiche z. B. das Capitulare de villis c. 69 mit Capitulare (Aquisgranense) c. 8, Gareis a. a. O. S. 227 ff., ferner vergl. man c. 2, c. 4 des Capitulare de villis mit c. 5 und c. 15 des Cap. Aquisgranense, ferner c. 64 des Cap. de villis mit c. 10 des Cap. Aquisgranense.

[22]) Es ist nicht wahrscheinlich, dafs Asnapium Gennep, südwestl. von Cleve, ist, wie Eckhart, comment. de rebus Franciae orient. (Wirzeburgi 1729) p. 908 Anm. 1, meint; allerdings würde die Nähe von Griet vielleicht zu dem neben Asnapium erwähnten Grisio (Bo. p. 254, c. 26) passen; aber Grisio und das noch von Niemandem gedeutete Treola (Bo. p. 256, c. 36, — vielleicht zu einem der heutigen Ortsnamen Trélon bei Avesnes, oder Trieux, oder Treon gehörig?) können auch willkürlich in jenem Exemplum brevium genannt oder ausgegangene Orte sein. Ich kam auf dem französischen Feldzuge 1870 südlich von Menehould und Clermont en Argonne in der Nähe von Beauzée an drei kleinen Ortschaften vorüber, deren Namen möglicherweise von Asnapium, Treola und Grisio stammen: Nabecourt, Triaucourt und Grigny nennt sie mein Tagebuch. Gennep aber, das Eckhart für Asnapium hält, hiefs im fünften Jahrhundert Cenebum, Genebum, Ceveum, das Cleucum, Cevelum der Tabula Peuting. s. Desjardins p. 11—12. Möglich ist auch, dafs Asnapium eines der zahlreichen Asnières von Nordfrankreich ist, sprachlich von Asinapium, asinabus oder asinarium (wobei auch statt r p geschrieben oder gelesen worden sein kann), d. i. Eselsort, Eselzuchtstall. Vgl. Egli, Nom. geograph. (1893) S. 57 s. Asnières. Vivian de St. Martin, N. Dict. d. Géogr. univers. Paris 1879 Tom. I, p. 236. Vgl. Guérard, Polyptych. Irminonis, T. II, p. 349.

und vielleicht wahrscheinlicher,[23]) dafs jene Berichte dem Capitulare vorangingen, bei der Abfassung desselben als Anhaltspunkte dienten und dann allerdings vielleicht auch noch den mit der Inspection der Güter beauftragten Waltboten als Muster-Formulare und als Instruction mitgegeben wurden.

VI. Was den **Verfasser** des Capitulare de villis anlangt, so ist es nicht unwahrscheinlich, dafs der um die Klostergüterverwaltung seiner Zeit hochverdiente und mit der Abfassung königlicher Verordnungen wohlvertraute Benedictiner-Abt Ansegis von St. Wandrille (Fontanella) als Redactor gerühmt werden darf,[24]) unbeschadet des unzweifelhaft anzunehmenden Interesses und aktiven Antheils des grofsen Kaisers und Königs an dem Zustandekommen seiner Landgüterordnung.

VII. Stoff-Anordnung und -Uebersicht.[25])

Die Aufeinanderfolge der siebenzig einzelnen Paragraphen (capitula, c.) des Capitulare (C.) ist in den seltensten Fällen durch den Zusammenhang des Stoffes systematisch bestimmt, sondern ziemlich unübersichtlich und vielleicht nicht der ursprünglichen Anordnung entsprechend; dafs die Handschrift die einzelnen Paragraphen nicht in der richtigen Ordnung wiedergebe, vermuthet Boretius (a. a. O. S. 82),

---

[23]) Vgl. Gareis a. a. O. S. 232 u. 233. Nach einer freundlichen Mittheilung des Herrn Dr. Victor Krause in Berlin ist das Breviar (Boretius Capit. I S. 250) von einer früheren Hand als das Capitulare, beide aber sind von einer fast gleichzeitigen Hand corrigirt und ebenfalls fast gleichzeitig sind die Randglossen, welche sich auf die Mafse und Gewichte beziehen. S. nächste Anmerkung.

[24]) Die Gründe für die Wahrscheinlichkeit obiger Annahme s. Gareis a. a. O. S. 235—238. Ueber Abt Ansegis als missus siehe Victor Krause in den Mittheilungen des Instituts f. österreich. Gesch.-Forsch. XI, S. 288 No. 73, S. 289 No. 85. Die in voriger Anmerkung erwähnten Randglossen über die Mafse und Gewichte sind vermuthlich den Etymologien von Isidor entnommen, eine Vermuthung, welche Victor Krause nahelegt. Ansegis von Fontanella besafs dieses Werk Isidor's, wie aus seiner zu Gunsten des Klosters Flavigny getroffenen letztwilligen Verfügung hierüber hervorgeht. S. Pertz SS. II, p. 300.

[25]) Die Erklärung der in diesem Abschnitte und in den Anmerkungen vorkommenden Abkürzungen siehe Seite 21, 22.

aber die Wolfenbüttler Handschrift, die einzige und in die Zeit der Entstehung des C. zurückreichende, bietet keine Handhabe für die Annahme, dafs bei dem Abschreiben eine Verschiebung eingetreten sei; dafs sachlich c. 44 nach c. 55 kommen müsse und dafs c. 50 mit c. 14 und 15 zusammenhänge, ist Boretius ebenso zuzugeben, wie der von ihm vermuthete epilogartige Charakter des c. 63. Anzuerkennen ist aber, dafs in c. 1 das finanzpolitische und in c. 2 das socialpolitische Princip des ganzen Capitulare lapidarstilig und programmhaft vorangestellt sind. Stilistisch und inhaltlich dürfte c. 26 zu 60 (hinter dieses, des „vero“ wegen), c. 25 hinter 36 oder hinter 62 (des „autem“ wegen), 29 hinter 57, 33 zu 30 und 31, und 22 zu 8 gehören.

Uebersichtlich geordnet ergiebt sich als Inhalt der Verordnung im Ganzen:

I. Der Bestand der Landgüter selbst, die villae vel curtes, s. die Anm. villae zum Titel. Arten der villae c. 19, 26, 27, 67; die Gebäude der villae c. 41, 46, 27, 48, 49; Umzäunung 41, 49; die genetia, Frauengemächer und Frauenarbeitsräume 31, 43, 49; Nebengebäude 41, 48, 49, 19, 18; innere Einrichtung und todtes Inventar 42, 43, 49, 23, 63, 68.

II. Beamte der königlichen Domänenverwaltung — im Allgemeinen ministeriales genannt — sind vor Allem die iudices (Amtmänner, Herrschaftsrichter), gastaldi, bailis, s. Anm. z. c. 3 (iudices); über ihnen aufser dem Könige und der Königin (iussio, verbum regis u. s. w. c. 16, 27, 47, 58) nur der Seneschall und der Erzmundschenk (c. 16, 47), nicht der comes, letzterer wird nur als beherbergungspflichtig erwähnt c. 27; auf die Iudices beziehen sich aufser den angeführten Stellen auch noch fast alle andern c. des C. de villis und dieses ergänzend und mit Reichsgesetzkraft stärkend das Capitulare Aquisgranense von 813 (Bo. p. 170, Ga. S. 224 ff.) insbes. die c. 4 (zu C. d. villis c. 1, 3, u. a. Ga. S. 226, 227), c. 8 zu C. d. v. c. 69 (Wolfsjagd betr. Ga. S. 227), c. 10 zu C. d. v. c. 64 (Ga. S. 230, 231), c. 18 zu c. 21, 36, 46 u. 65 des letzteren, c. 19 zu c. 7, 8, 27, u. a. s. Ga. S. 231—232. Die Unterbeamten des Iudex — iuniores c. 63 — s. c. 3 Anm. unter iudex, unterscheiden sich in maiores (c. 5, 26, 60), decani (c. 10) und andere ministeriales;

über die maiores s. unter c. 3 Anm. indices, auch Br. II 125, über die decani c. 10, c. 58, Br. II 125; eine besondere Gruppe bilden darin die artifices (c. 45); zu den maiores (c. 5, c. 26, c. 60) gehören, oder diesen gleichgestellt sind — als Vorgesetzte, wie diese, Meister — die magistri (c. 29, c. 57). Für besondere Zweige der Wirthschaft sind erwähnt die Gestütsbeamten c. 50 (hierzu c. 13, 14, 15), die Forstbeamten c. 10, das Jagdpersonal c. 47, die Zollbeamten c. 10, die Kellereibeamten c. 10, die Braumeister c. 45, 61, die Bienenzüchter c. 17, die Viehzüchter c. 62 und verschiedene Handwerker c. 45.

Hinsichtlich der Vergeltung der von den Bediensteten geleisteten Berufsarbeit (ministerium) zerfallen sämmtliche ministeriales 1. in solche, die eine eigene Haushaltung auf Grund ihrer Dienstleistung haben, es sei dieses a) ein beneficium (Lehengut, wie es vor Allem der iudex hat, aber auch ein maior haben kann, c. 10, und ein Gestütsbeamter haben soll, c. 50) oder b) nur ein mansus (Bauernhof, Br. I 197—198, ahd. hisaz), für dessen Ueberlassung seitens der Herrschaft dem damit belehnten Bediensteten aufser den berufsmäfsigen Hofdiensten (ministeria) noch besondere Leistungen (servitium, rega, s. c. 10) obliegen, welche sie dem Herrnhof (sala, Salhof, curtis dominica oder salica, Ma. I, S. 112, 113, vergl. Anm. zu c. 50 unten), nicht dem daselbst vielleicht wohnenden iudex, abgesehen von Kleinigkeiten c. 3, persönlich leisten müssen, während die maiores, die ein beneficium haben, sich in der Leistung jener servitia (nicht etwa ihrer ministeria) eines Vertreters, vicarius, bedienen können, c. 10. Diese Lasten (servitia) sind sämmtlich radicirt, auf den mansus gelegt, He. I 189, Br. I, 212, und dieser, im Gegensatz zu dem mindestens als mansus ingenuilis zu behandelnden, daher nicht durch Leistungen, welche mit der persönlichen Freiheit unvereinbar wären, zu belastenden (He. I a. a. O.) beneficium — als mansus lidilis oder servilis zu denken, daher die persönliche Leistungspflicht der damit vestirten fiscalini (c. 50), deren Geburtsstand in den Hintergrund trat oder sich, wie der Unterschied zwischen Liten und servi, nach und nach ganz verwischte, s. v. Maurer, Gesch. d. Fronhöfe I S. 371 ff., He. I 189, 190, Gu. J. I 582,

Waitz, Verf. G. II 1 S. 245, **Br.** I 212, vgl. auch unter c. 67 u. Anm. hierzu; 2. in solche, welche eines eigenen Hausstandes entbehren, provendarii, deputati (vielleicht haistalti, Hagestolzen genannt, s. **Schade**, Altd. W.-B. I S. 363, **Ga.** S. 221 Anm. 1). C. d. villis c. 31, c. 17, c. 50, a. E. Brev. exempl. Staphinseie c. 7 (**Bo.** p. 251 Anm. 15).

III. Landwirthschaftliche Buchführung und Rechnungswesen.

a) Die Abrechnung und Geldabführung des Activrestes an den königlichen Hof hat der Iudex in der Fastenzeit, am Palmsonntag zu bewirken, c. 28.

b) Vorher aber hat der Amtmann drei Generalübersichten einzusenden:

1. Gesammteinnahme der ganzen Villa,
2. Gesammtausgabe (Eigenverbrauch) der Villa und servitium in engerem Sinne s. unter f,
3. Activrest der Produkte u. s. w., c. 55,

und über diesen letzteren die königliche Verfügung zu erwarten, c. 33.

c) Aber nicht blos diese Generalabschlüsse, sondern auch die einzelnen Wirthschaftsconti sind in ihren Abschlüssen dem Hofe (Seneschall oder direkt dem Könige) einzureichen, c. 62, und zwar wohlgeordnet und übersichtlich, jeder Wirthschaftszweig gesondert dargestellt, alljährlich zu Weihnachten.

d) Daher muſs fortwährend getrennte Buchführung für alle einzelnen Zweige und Lieferungen, Ausgaben u. s. w. stattfinden, c. 30, 64, 31; in Bezug auf die Lieferung und Buchung des Gemüseertrags, anderer Gartenerzeugnisse und der kleineren Produkte der Landwirthschaft (Fastenspeisen) (c. 44), dann hinsichtlich des Weinbaus (c. 8), ferner in Bezug auf das Vorhandensein von Waldweide (c. 25), über welche zum 1. September jeden Jahres zu berichten ist, sowie in Bezug auf Hengstfohlen (c. 15), welche zum 11. November jeden Jahres an die kaiserlichen Pfalzen zu liefern sind, sind — ebenso wie nach c. 65—67 — besondere Berichte erforderlich.

e) Wie der Amtmann an den König oder Hof, so haben die Untergebenen des Amtmanns in allen Zweigen an diesen ihre gesonderten Berichte zu erstatten und ihm dadurch seine Berichterstattung zu erleichtern, ja zu ermöglichen, c. 63.

f) Verschieden von der allen königlichen Landgütern, bezw. deren Vorstehern (iudices) obliegenden allgemeinen Lieferung, deren Verrechnung und Buchung, wie erwähnt, genau vorgeschrieben, ist der besondere Hofdienst, servitium in diesem Sinne, der sich theils nach einem Turnus, theils nach dem jeweiligen Aufenthaltsorte des königlichen Hofes richtet und in näher bestimmten (denuntiatum c. 7) Naturallieferungen für die königliche Tafel oder überhaupt für den Haushalt der Pfalz besteht, und jedenfalls besonders in Ausgabe zu stellen ist, c. 7, 23, 24, 30, 65, 59, 61, 44.

IV. Rechtliche Organisation innerhalb der Hofmark.

1. Allgemeines Verordnungs- und Aufsichtsrecht des Iudex, innerhalb der ihn bindenden königlichen Verordnungen und Gesetze; s. z. B. c. 4 hinsichtl. d. Franci u. c. 52 hinsichtl. der fiscalini u. servi, c. 16, 54, 53, 56.

2. Hofmarkgerichte: der Iudex hat die Gerichte — Märkerdinge — der Villa anzusetzen und zu leiten (audientias teneat u. s. w.) c. 56. v. Maurer, Gesch. der Fronhöfe I, §§ 169 ff. S. 485 ff., Br. II, §§ 81, 82, 88, Schr. S. 179, 196, 551 Anm. 131, Guérard, Essai sur le système des divisions territoriales de la Gaule, Paris 1832, S. 74, N. 5, 6.

Es ist hinsichtlich der Gerichtsbarkeit zu unterscheiden:

a) die staatliche (öffentlich-rechtliche)

— es sei dies die unter dem Vorsitz des Grafen geübte ordentliche Gerichtsbarkeit des echten Dings (Br. II, S. 165, 166, 490, 493, 473, 145, 217, 221, 222), möge dieses das Gaugericht,[26]) wie für die Karolingische Zeit Waitz, V. G. II (2. Aufl.) S. 495 ff., IV, 312 ff., 526 ff., annimmt, oder wie Sohm (Fränk. R.- u. G.-V. S. 277, 278, 285 ff., auch Br. II, S. 219) annimmt, in beiden Perioden der fränkischen Zeit das Hundertschaftsgericht sein, — oder die gerade um die Zeit

---

[26]) Hinsichtl. der bei den Baiern bestehenden Gerichtsverhältnisse (Grafengerichte) s. l. baiuv. II 14, Dahn, Urgeschichte, IV 152 Anm. 3, Ernst Mayer, Gött. gelehrte Anzeigen 1891, S. 349. Br. II S. 220.

der Entstehung des C. d. v. davon bestimmt abgegrenzte niedrigere Gerichtsbarkeit, die unter dem Vorsitz des Centenarius (Vicarius, in einigen Gegenden auch Schultheiſs) geübt wurde. Br. II, S. 178, Cap. miss. Aquisgr. I. d. ão. 810 c. 3. (Pe. I p. 162, Bo. I p. 153.) Cap. miss. Aquisgr. II d. ão. 810 c. 15. Pe. I p. 163, Bo. I 154. Cap. de iustit. fac. von Boulogne s. m. ão. 811. Bo. I 176, Ga. S. 215, 216, c. 4, Br. II, S. 178 mit Anm. 29, Sohm, Fr. R. u. G. Vf. S. 296, — oder die auſserordentliche Gerichtsbarkeit der Königsboten, Waltboten missi regis, „ad iustitias faciendas", Br. II S. 193, 194. —

b) die hofrechtliche (ihrem Ausgangspunkte nach privatrechtliche, Patrimonial-, Fronhof-) Gerichtsbarkeit, die unter dem Vorsitz des Iudex im hofrechtlichen Ding des gesammten Hofgesindes (soweit dies nicht ganz unfrei) auszuüben war.[27])

Das Verhältnis dieser beiden Arten von Gerichtsbarkeit zu einander war folgendes:

A. Die hofrechtliche Gerichtsbarkeit erstreckt sich

a) in bürgerlichen Rechtsstreitigkeiten auf alle Streitsachen der Hofgenossen miteinander (sie mögen freie oder unfreie Colonen sein, Freigelassene, Schutzhörige — Commendirte u. s. w.), der Gegenstand mag ein im Hofding aufgelassenes Beneficium oder ein anderes Gut betreffen, immer vorausgesetzt, daſs kein auſserhalb der konkreten Hofgemeinde (villa) Stehender (extraneus) an dem Streite betheiligt ist. (Ma. S. 498, 499, 506.)

b) in Strafsachen auf alle — leichtere und schwerere — Delikte der Mitglieder der familia, sie mögen freie oder halbfreie oder unfreie[27]) Leute sein, vorausgesetzt, daſs

α) der Beschädigte Mitglied derselben familia oder der Herr des Hofguts selbst und

---

[27]) Ueber die strafrechtliche Stellung der Unfreien v. J. Jastrow in Gi.U. Heft 2. 1878. S. 13 ff., 25 ff. In Betreff des Schadenersatzes vgl. A. B. Schmidt in Gi.U. Heft 18. 1885. S. 43 ff.

β) der Fall nicht eine dem Grafengericht ausdrücklich vorbehaltene causa maior ist (Ma. S. 522).

B. Ist der durch das Delikt eines Hofgenossen Geschädigte ein aufserhalb der villa Stehender (extraneus), so hat dieser, sofern es sich nicht um einen dem Grafengericht vorweg verhaltenen Fall (wie β) handelt, zuerst den Grundherrn aufzufordern, ihm sein Recht zu verschaffen (iustitias reddere) und den schuldigen Hofgenossen zu strafen, und erst dann, wenn diese Genugthuung nicht zu erreichen ist, sollen die öffentlichen Gerichte einschreiten. Die Gerichtsbarkeit dieser letzteren erstreckt sich:

a) auf die Streitigkeiten von — freien oder hörigen — Leuten untereinander, die nicht dem Verbande ein und derselben villa, hofrechtlichen Gemeinde angehören (extranei), auch der königlichen Vassallen und Commendirten, — s. Sohm, Die fränk. R.- u. Ger.-Verfassung I, S. 349, — die Dingpflicht aller Freien s. Sohm, ebenda S. 336ff. (Cap. v. 807 c. 9, Pe. I 151, Bo. p. 206—207; Cap. v. 823 c. 13, Pe. I 233, Bo. p. 320, 321; Cap. v. 825 c. 26, Pe. I 246, Bo. p. 307.)

b) auf alle Verbrechen und Vergehen der extranei (im obigen Sinne) gegen Hofgenossen, und

c) auf alle Delikte der Hofgenossen gegen extranei, wenn der Grundherr diesen nicht Satisfaction verschafft oder wenn der Fall eine vorbehaltene causa maior ist (über letztere causae, hauptsächlich latrocinia s. latrones unter c. 53 mit Anm., und Störungen des Heerfriedens Cap. 825 c. 17, Pe. 245, Bo. p. 303; Cap. 827 c. 15, Pe. 293; Cap. v. 862 c. 4, Pe. 481; Cap. v. 873 c. 3, Pe. 519, 520, Ma. S. 522 Anm. 11 u. 12, S. 523 Anm. 13).

C. Eine Erweiterung der hofgemeindlichen Zuständigkeit (A) trat in den zuletzt angedeuteten Richtungen (B c) ein, als ein Theil der grafengerichtlichen Kompetenz den iudices der königlichen Domänen übertragen wurde, nämlich die Zuständigkeit bei Ansprüchen von extranei gegen Hofgenossen, sie mögen frei oder unfrei sein, ja es genügt der blofse Aufenthalt auf einem königlichen Landgut, z. B. in einer Beamtenstellung daselbst, um den freien Mann selbst dem Hofgemeindegerichte des Iudex zu unterwerfen; darauf bezieht sich der gröfsere, zweite Theil d. c. 4 d. Cap. d. villis. Vgl. Ma. S. 537, 538 mit Anm. 76 u. 77 ebenda. Mit Recht sieht Gg. Ludw. v. Maurer in der Unterstellung aller freien wie hörigen Einwohner der königlichen Villa unter das Gericht der Grundherrschaft (selbst bei Ansprüchen von Fremden) „einen Umstand, der nicht nur die Vermengung und Vermischung der Fiscalinen und anderen Colonen mit den freien Leuten erleichtert, sondern auch zur Ausbildung der städtischen Verfassung wesentlich beigetragen hat". (Ma. a. a. O., auch Schr. S. 551 Anm. 131.)

D. Weiter s. die Anm. zu c. 4 unten.

3. Beschwerderecht und Berufung c. 4, 16, 52, 57; Schr. S. 179 mit Anm. 98.
4. Sorge für das Gesinde c. 2, 3, auch 29, 12; Abgaben des Gesindes 3, 10, 39.
5. Wirthschaftsrecht überhaupt: c. 63 a. E.; Regiebetrieb 1, 33, 54 u. a.; daher besondere Verbote 3, 11, 12, und besondere Gebote den Wirthschaftsbetrieb (s. S. 15, III) im Allg. und den Hofdienst insbes. (s. S. 16, III f.) betr. Die Ordnung der verschiedenen Wirthschaften in und neben einander, s. Br. § 26, I, insbes. S. 209 ff., Th. S. 255 Abs. 4, S. 256 Abs. 7 zu c. 50.

V. Kirchliche Verhältnisse berührt c. 6 und etwa auch noch c. 51, 53 Zauberei betr.

VI. Militärische Angelegenheiten berühren c. 64, 68, auch 16, 27 (wacta).

VII. Staatliche Einnahmen, Finanzverhältnisse aufserhalb des Domänenbetriebs berührt c. 62 mehrfach: Friedens- u. Strafgelder, Zölle, Marktabgaben, Abgaben freier Gemeinden (centenae).

VIII. Die einzelnen Produktionszweige im Cap. d. villis:

A. Urproduktionen:

1. Forst- u. Jagdwesen. Rodungsge- u. verbot c. 36, Jäger 47, Wildstand 36, 45, Falkner 47; Brühle (Thiergärten) 46, Hunde 58, auch 11, 23, 69, Oedland, Jagd- u. Forststrafen 62, Wölfe 69, Waldweide 25, Schweinemast, Waldzehent dafür 36.

2. Fischerei c. 21, 44, 45, 62, 65.
3. Bergbau, Einkommen von diesem 62.
4. Ackerbau 32, 37, 51, auch 20; Mühlen 18, Mehl 24, 34, 64; Culturwiesen 37.
5. Weinbau 41, 48, 8, 22, 44, auch 34, 64, 62.
7. Viehzucht.
   a) Pferde 13, 14, 15, 50.
   b) Rindvieh 23, 24, 35, 62.
   c) Schweine 23, 35, auch 34, 31.
   d) Schafe 23, 35.
   e) Ziegen 23, 66.
   f) Gänse 18, 19, 38.
   g) Hühner 18, 19, 38, 39, auch 3.
   h) Enten u. feineres Geflügel 40.
8. Bienenzucht 17, 34, 59.
9. Gartenbau mit Baumzucht u. Arzeneipflanzen 44, 70, auch 3 u. 62.

B. Industrie:
1. Hausindustrie 31, 43, 34, 66, 41, 48; 45, 39, 61; 62.
2. Handwerk 45, 29, 57, auch 45, 61.

C. Handel:
1. Maſse 9 (Normalmaſse).
2. Geld, Gelderwerb (durch Verkauf) und Kauf 33, 39, 44, 65; 32.
3. Märkte 54, 62.

Bemerkung über die Wiedergabe des Textes.

Der im Nachstehenden mitgetheilte Text des Cap. de villis beruht auf einer neuen und wiederholten Vergleichung des Wortlauts, wie ihn Pertz und Boretius mittheilen, mit der einzigen, uns erhaltenen Handschrift, nämlich der in Wolfenbüttel aufbewahrten und von Professor Dr. O. von Heinemann: Die Handschriften der Herzoglichen Bibliothek zu Wolfenbüttel, erste Abth. Die Helmstäter Handschriften, Bd. I S. 214—215 beschriebenen; diese Vergleichung hat auf mein Ersuchen mein Herr Kollege Dr. Wilh. Uhl im Sommer 1894 vorgenommen, wodurch er mich zu groſsem Danke verpflichtet hat; im Herbste desselben Jahres hatte ich sodann selbst noch Gelegenheit, in der Wolfenbütteler Herzoglichen Bibliothek, deren Leitung mir, wie hier mit Dank anerkannt werden soll, überaus freundlich entgegenkam, die Handschrift genau einzusehen und alle einzelnen Unregelmäſsigkeiten, Correcturen oder Bedenkliches in derselben, wie unten aus den kleingedruckten Anmerkungen zum Texte hervorgeht, festzustellen. Indem ich mich begnüge, hierauf und auf die authentische Beschreibung des Pergaments durch v. Heinemann zu verweisen, bemerke ich nur noch, daſs in der Handschrift statt *ae* regelmäſsig *e* und anstatt v regelmäſsig *u* gebraucht ist — z. B. cap. 1: Uolumus ut uille nre; dieses ist im Drucke dem herrschenden Gebrauche entsprechend geändert; auch sind die in Handschriften des neunten Jahrhunderts üblichen Ligaturen für per, pro, prae, est, et, vero, vel, noster und ähnliche aufgelöst wiedergegeben, im Uebrigen aber ist der Text unverändert nach der Wolfenbütteler Handschrift, wie Herr Dr. Uhl und ich sie lesen, abgedruckt.

Erklärung der Abkürzungen der Anmerkungen.

Ant. = Anton: Geschichte der teutschen Landwirthschaft, 1799, Bd. I S. 177 ff.

Bo. = Boretius: Monumenta Germaniae Historica inde ab anno Christi quingentesimo usque ad annum millesimum et quingentesimum edidit societas aperiendis fontibus rerum Germanicarum medii aevi. Legum sectio II. Capitularia regum Francorum ed. A. Boretius. Hann. 1881.

Br. = Brunner: Deutsche Rechtsgeschichte, Bd. I, 1887, von Dr. H. Brunner. Bd. II, 1892 (Systematisches Handbuch der deutschen Rechtswissenschaft, herausg. von Dr. Carl Binding, II. Abth. I. Th. Bd. 1, 2).

Du Ca. = Du Cange: Dufresne domini Du Cange, glossarium mediae et infimae latinitatis, auctum a monachis ord. s. Benedicti. Cum supplementis integris P. Carpenterii . . . digessit G. A. L. Henschel. Tom. 1—7. Parisiis 1840—50. 4°.

Di = Friedr. Diez: Etymolog. Wörterbuch d. roman. Sprachen, 5. Ausg., mit Anh. v. Aug. Scheler. Bonn 1887.

Da. M. = Dahn: Zum merowingischen Finanzrecht, in den „Germanist. Abhandl. zum 70. Geburtstag Konrad von Maurers“. Göttingen 1893, S. 333—73.

Da. K. = Dahn: Die Könige der Germanen, VII. Bd., Leipzig 1894.

Fi. B. = R. von Fischer-Benzon: Altdeutsche Gartenflora. Untersuchungen über die Nutzpflanzen des deutschen Mittelalters etc. Kiel und Leipzig 1894.
Ga. = Gareis: Bemerkungen zu Kaiser Karls des Grossen Capitulare de villis, in den „Abh. zum 70. Geburtstag Konrad von Maurers". Göttingen 1893, S. 207—247.
Gi. = Gierke, Das deutsche Genossenschaftsrecht. I. Bd. Berlin 1868, II. Bd. 1873, III. Bd. 1881.
Gi. U. = Gierke, Untersuchungen zur deutschen Rechtsgeschichte.
Gu. C. = Guérard: Explication du Capitulaire de Villis par M. Guérard. (Mémoires de l'institut impérial de France. Tome XXI.) Paris 1857.
Gu. J. = Guérard: Polyptyque de l'abbé Irminon. Tome I. Paris 1844; II. desgl.
He. = Heusler: Institutionen des Deutschen Privatrechts. Von Dr. Andreas Heusler. 2 Bände. (Systemat. Handbuch der Deutschen Rechtswissensch., herausg. von Dr. Carl Binding. II, 2, 1: Leipzig 1885; II, 2, 2 ebenda 1886.
Hi. = Hincmarus de ordine palatii, edd. Victor Krause. Hannover 1894.
Ki. = Kinderling in Bruns' Beiträgen zu den deutschen Rechten des Mittelalters, S. 359 ff.
Kö. = G. Körting: Lat.-roman. Wörterbuch. Paderborn 1891.
Ma. = Gg. Ludw. v. Maurer: Geschichte der Fronhöfe, der Bauernhöfe u. der Hufenverfassung, Bd. I, 1862.
Me. = Meyer: Geschichte der Botanik (Königsberg 1856). Bd. III, S. 396 ff.
Pe. = Pertz: Monumenta Germaniae Historica indo ab anno Christi D usque ad annum MD auspiciis societatis aperiendis fontibus rer. Germ. med. aevi ed. G. H. Pertz. LL. (Leges).
Schr. = Schröder: Lehrbuch der Deutschen Rechtsgeschichte von Dr. Richard Schröder. Zweite, wesentl. umgearb. Aufl. Leipzig 1894.
Schu. = v. Schulte: Lehrbuch der deutschen Reichs- und Rechtsgeschichte, von Dr. J. Fr. v. Schulte. 6. Aufl. Stuttgart 1892.
Schw. = Schwappach: Handbuch der Forst- u. Jagdgeschichte Deutschlands. Berlin. Bd. I, 1886.
Th. = Thaer in: Fuehling, Landwirthschaftliche Zeitung XXVII. 4. (April 1878.)

Capitulare[1]) de villis[2]) vel[3]) curtis[4]) imperii[5]).

Incipit capitulare de villis vel curtis imperii.

1. cap. Volumus ut villae nostrae, quas ad opus nostrum serviendi institutas habemus, sub integritate partibus nostris deserviant et non aliis hominibus.

---

[1]) *Capitulare:* Verordnung; Ursprung dieser Bezeichnung s. Schu. S. 82; Schr. S. 247; Br. I, S. 377; Siegel. R. Gesch., 3. Aufl., S. 39; G. Seeliger, Die Capitularien der Karolinger. München 1893, S. 30, 37; aber das Wort ist auch in die deutsche Volkssprache übergegangen, s. Schmeller, Bayerisches Wörterbuch (1. Aufl., II, S. 314: „Einen kapiteln"). 2. Aufl. Schmeller-Frommann I, 1268, ahd. capitulôn scribere, pernotare s. Schade, Altd. W.-B. I, 473. — Ueber die verpflichtende Kraft der königlichen Verordnungen im Karolingerreiche und den Dualismus von Königsrecht und Volksrecht jener Periode s. Br. I, S. 277—282, 380, 381; Schr. S. 248, 249; Schu. S. 83, 84, — abweichend aber Da. K. Bd. VII, Abtheilung 2, S. 41—45; Boretius, Die Capitularien im Langobardenreiche (Halle 1864) S. 14 ff.; diesem folgend: Siegel, Brunner, Sohm; entgegen aber Beseler: Ueber die Gesetzeskraft der Capitularien (in den Festgaben für Gustav Homeyer zum 28. Juli 1871), Berlin 1871; und hiergegen Boretius, Beiträge zur Capitularienkritik. Leipzig 1874, S. 3—67. Vergl. ferner v. Amira in Paul's Grundriſs der german. Philologie II 2, X. Abschn., S. 48—51; G. Seeliger a. a. O., welcher die von Boretius aufgestellte Eintheilung der Capitularien als nicht strikte durchführbar nachweist. S. 75, 81 ff. Ueber die Geltung des C. de villis insbes. s. Ga. S. 209, 210, 238.

[2]) *Villae*: Domänen, Krongüter, Landgüter des Staats und des Königs, villae fiscales, daher auch „fisci" genannt, so z. B. in c. 4, 6, 52, s. auch Da. M. S. 336 und die in Anm. 9 ebenda angeg. Lit., auch Ga. S. 216, Anm. 5 mit Lit. — Die Villa (Hofmark) der karolingischen Zeit (hinsichtlich der merowingischen Zeit s. A. H. Blumenstock, Entstehung des deutschen Immobiliareigenthums Bd. I, 1894, S. 219 ff.) ist umfassender als villa im alten Sinne (praedium rusticum), aber noch nicht so ausgedehnt, wie im Sinne der späteren romanischen Sprachen, insbes. französ. la ville; es ist hier (vgl. Gu. J. I, p. 45, 47—49) ein Komplex von Wohnhäusern, Wirthschaftsgebäuden, Aeckern, Wiesen, Wäldern u. s. w. mit oder ohne königliche Pfalz (palatium c. 27, 47) in seiner wirthschaftlichen und juristischen Zusammengehörigkeit gemeint. Ueber den Sprachgebrauch des IX. Jahrh. in dieser Beziehung s. S. Rietschel, Die Civitas auf deutschem Boden bis zum Ausgange der Karolingerzeit. 1894, S. 41 ff.) Di. S. 341; Gi. I 130 ff., 162 ff.,

2. Ut familia nostra bene conservata sit et a nemine in paupertate missa.

c. 2 Zeile 2: paupertate missa ist über die Zeile geschrieben, in die Schlufslücke des vorigen Absatzes.

II 77 ff.; Du Ca. VIII, S. 329; Weigand DWB. II, S. 1075 (Weiler); Schw. I, S. 25; Gu. C. S. 169. Der Amtsbezirk eines iudex (s. c. 3 u. a., auch oben S. 13 Stoffanordnung) kann mehrere villae umfassen, c. 17; verschiedene Arten von villae werden erwähnt: capitaneae c. 19, mansioniles c. 19, curtes c. 21 s. unten, mansus c. 67. Ueber die socialpolitische Bedeutung der grofsen Domänen s. oben Einleitung S. 5—7, Gi. I, S. 99 ff., 137 ff., v. Inama-Sternegg a. a. O. Ga. S. 243 ff. —; über die finanzielle Bedeutung jenes Grofsgrundbesitzes s. Br. II, S. 71 ff.; Schr. S. 193, 194; v. Schu. S. 108; Da. M. S 339 ff. u. oben Einleitung S. 8—10. — Beschreibung einer Villa s. Brev. exempl. Asnapium Bo. S. 250 ff.

[3]) *vel* (nicht et, wie Bo. I, S. 82 liest) vgl. c. 7, c. 32.

[4]) *curtis* (von chors, chortis, Viehhof, Hofraum, aus co-hors, co-hortem zusammenhirtend) it., sp., prod., port. cort, corte, bedeutet in den romanischen Sprachen: fürstlicher Hof, wie franz. la cour, wovon courtois höflich u. s. w. Di. S. 109, Du Ca. II, S. 588, 589 (cortis, cortina) u. s. w.; Kö. No. 1998; im (c. 20, 21, 27, wie in der l. sal. Tit. VI, Zus. 2 (Behrend S. 8), VII, Zus. 7 (Behrend S. 10), XXXIV, 4 u. Zus. 1 (Behrend S. 42) bedeutet curtis Gehöfte, s. hierüber A. H. Blumenstock a. a. O. Bd. I, S. 216 ff.; im IX. Jahrh. bedeutet es Einzelhof, s. S. Rietschel a. a. O. S. 41.

[5]) *imperii* (besser wäre wohl imperialibus, wie Bo. I, S. 82 bringt, die Handschrift hat aber imperii). Ueber das Geltungsgebiet des Cap. d. villis s. Ga. S. 238 ff.

cap. 1. *Volumus.* Ueber die Geltung der Capitularien als Rechtsnormen im Allg. s. oben S. 23, Anm. Capitulare; über die der Capit. de villis insbes. s. Ga. S. 209, 210, 238. Ueber das „nos" „Wir" in c. 16 u. a. u. noster etc. s. Ga. S. 212.

Villae s. oben S. 23, Anm. villae zum Titel des Capitulare.

nostrae Staatseigenthum s. Br. II, S. 68 u. a.

opus nostrum s. Br. II, S. 72; Gu. C. S. 172; Ga. S. 218, Anm. 1 (=Eigenverwaltung, Regiebetrieb, Eigenbedarf und für diesen arbeitendes Vermögen im Gegensatz zu den ausgeliehenen Gütern, den Beneficialvillen u. dergl.) cfr. C. Aquisgran. d. a. 813, c. 5, c. 19; Bo. S. 171; Ga. S. 228, 229 u. a.

partibus nostris s. Br. II, S. 72; Ga. S. 218, Anm. 2 (= Staatsinteresse, Königliche Kasse, Kaiserliche Kammer).

non aliis hominibus: Hauptziel des ganzen Cap. in finanzpolitischer Hinsicht, s. Ga. S. 217—223, 242-243, und oben Einleitung S. 8—10.

2. *familia* (s. auch c. 3, 4, 6, 16, 52, 57; vergl. Ga. § 9, Ziff. 1, S. 219—220, § 12, Ziff. 3, S. 228) umfafst und bedeutet das gesammte Personal einer villa, die ganze Beamten- und Dienerschaft derselben; vgl. familia monasterii Corbeiensis in Appendix V zu Gu. J. S. 307, 313, 324 u. a.; familia Sti. Petri im Hofrecht des Bischofs Burkard von Worms; Schr. S. 667. — „Unterthanengemeinde eines Gewalthabers" s. He. I, S. 26. Gi. I 122 ff., 162 ff. — Sie umfafst freie Leute (franci, s. c. 4) und Unfreie und Halbfreie (c. 4, 16, 52, 57 u. a.), möglicherweise auch Cleriker (c. 6), vgl. Gu. C. S. 169. Ueber Unterbringung und Verpflegung der fam. s. c. 10, c. 50, Mehrung der fam. durch Erbschaftsregulierungsabgaben s. C. Aquisgr. d. a. 813 c. 7, u. formula 20 Marculfi (Pe. LL. Sect. V formul. Merow. & Karol. aevi edd. Karolus Zeumer, Hannover, S. 56 u. Ga. S. 229, 230), auf welche Bo. S. 171, Anm. 1 mit Recht hinweist. Aushebung

3. Ut non praesumant iudices nostram familiam in eorum servitium ponere, non corvadas non materiam cedere nec aliud opus sibi facere cogant, et neque ulla dona ab ipsis accipiant, non caballum non bovem non vaccam non porcum non berbicem non porcellum non agnellum nec aliam causam, nisi buticulas et ortum, poma, pullos et ova.

c. 3. Z. 2: materia Bo.

von Dienstleuten für den Kgl. Hof unter Chilperich s. Dahn, Urgesch. III, S. 221 n. Gregor v. Tours VI 45. Heirath der ärgeren Hand Gu. J. II, S. 376. Ueber mithio (im übertragenen Sinne auch die familia bedeutend, Br. II, S. 93, Anm. 8) u. sperantes s. Brunner's Abh. hierüber 1885 u. Br. II, S. 276 ff., s. unten c. 52.

paupertas, — insbesondere drohende Schuldknechtschaft, zum Theil in Folge des Kompositionensystems; vgl. Ga. S. 245, § 22; in ähnlicher Richtung suchte das C. Aquisgr. d. a. 813 (c. 5, 15; Bo. S. 171, 172) zu wirken, vgl. auch C. Heristalense d. a. 779, c. 22 (Bo. S. 51).

conservata, vgl. Ga. § 12, Ziff. 4, S. 228. Hierzu s. C. Frankonof. 794, c. 4; Bo. S. 74. Vgl. c. 29, 52—57.

missa, vgl. Ga. § 22, Zff. 1 und 2, S. 246.

3. *Iudices*: Br. II 123, 124, 308 ff.: Schr. § 26, S. 193; Da. K. VII 2, S. 76, 77; Sohm, Die fränk. Reichs- u. Ger.-Verf. S. 18, 146; Ga. § 9, S. 218, § 17, S. 240, § 21, S. 245, 251. (Hi. nennt diese iudices (c. 10, S. 12, Z. 8) nicht so. Der Iudex, actor dominicus, dessen Stellung in der Merowingerzeit die eines domesticus einigermaſsen entsprach — Hi. c. 23, S. 18, Z. 22; Gu. J. II. S. 325, 343: actores — Da. K. VII 2, S. 181, 182; Schr. S. 191, Anm. 53 und in der Karolingerzeit in den nichtköniglichen, aber immunen Gutsbezirken die eines advocatus — Vogt — nach innen oder unten zu (eben als iudex s. Br. II, § 95 insbes. S. 308) gleichkommt: Amtmann mit gerichtlichen und polizeilichen Funktionen, möglicherweise auch zugleich mit rein wirthschaftlichen Aufgaben betraut (Br. a. a. O.). Letzteres in hohem Maſse nach dem C. de villis — der I. gehört zu denjenigen Beamten, welche unmittelbar den Centralbehörden, dem Seneschall und dem Butticularius unterstellt sind, c. 16, nicht dem Grafen (cfr. auch c. 27), er kann auch direkt vom König oder der Königin Weisungen erhalten und hat unmittelbar an den König Berichte zu erstatten, c. 16, 44, 47, 55, 58, 62; der Verwaltungsbezirk (ministerium) des Iudex — mitunter auch villicus genannt — kann auch mehrere villae umfassen, cfr. c. 17; ausnahmsweise vorübergehend, in Verhinderungsfällen — kann er sich durch einen missus (fidelis) vertreten lassen, cfr. c. 5; seine Untergebenen heiſsen *iuniores* (cfr. 58, 63), Kö. No. 4497), zu diesen werden c. 58 gerechnet die *maiores*, (diese, die Schaffner, *Maier*, können auch selbst ein beneficium und homines haben, s. c. 10, c. 36, sollen aus dem Stande der mediocres und fideles sein, c. 60 und keinen zu groſsen Amtsbezirk haben c. 26), die *decani* (c. 10, 58) und die *cellerarii* (ibid.), welche drei Gruppen von iuniores in c. 10 neben den forestarii poledrarii (c. 50) und telonarii zu den *ministeriales* gerechnet werden, zu denen auch die Handwerker, c. 45, c. 47, gehören. — In dem nämlichen Sinne wie in unserem C., nämlich im Sinne von procurator regis, actor dominicus, dispensator, villicus, iudex fisci, ist das Wort iudex auch in der l. baiuv. I, 13 gebraucht, s. Pe. III, S. 278), Anm. 62 ebenda.

4. Si familia nostra partibus nostris aliquam fecerit fraudem de latrocinio aut alio neglecto, illud in caput componat; de reliquo vero pro lege recipiat disciplinam vapulando, nisi tantum pro

c. 4. Z. 2: trocinio — caput übergeschrieben in die Schlufslücke des vorigen Absatzes.

Altdeutsch wurde der i. wohl auch mit dem allgemeinen Beamtennamen ampabtman (siehe Schade AWB. I, 13, vgl. auch Heliand edd. Sievers v. 2032, 2059, 2112, 2155 hunno von Kapharnaum, 2699), wie in Kero's WB. (VIII. Jahrh.) ad ministerium übersetzt ist: „zu ambahtanne" (H. Hattemer, Denkmäler, St. Gallen, 1844 ff., I, S. 147) bezeichnet, genauer aber vielleicht als gastaldio (s. Schade I, 270; Br. II, 123. 124. Pe. a. a. O. — Br. macht auf Mon. Boica XXVIII, 1, S. 23, No. 25. H. 138; Meichelbeck No. 715; Wortmann I, 276, No. 297 v. Jahre 826, II, 393, Anhang No. 15 und auf J. Grimm's Verweisung auf den nordfriesischen Staller — Rechtsalterthümer-Nachtrag S. 754 — aufmerksam; Br. § 75, Anm. 45. Bei den romanischen Unterthanen Karls d. Gr. hiefs unser iudex wohl bailo (von lat. baiulus, altfranz. bail, franz baille = Pfleger, Amtmann, Landvogt; vgl. Hi. c. 1, S. 7, s. Di. I, 36; Kö. No. 998, S. 93 u. S. 789; Weigand WB. I, 135, Schmeller-Fromann, bayr. WB. I, 227. Im Langobard. = massarius statt villicus, Ed. Rothar. 132, 134, 137.

nostram familiam s. c. 2; Ga. § 9, Ziff. 1, S. 219—220, § 12, Ziff. 3, S. 228; s. auch c. 4, 6, 16, 52, 54 u. a.

in — servitium ponere = sich verknechten, in ihren Dienst stellen.

cogant, Tendenz s. Ga. §§ 8, 9, S. 217, 219, 220, 243, 246, auch Einleitung oben S. 6 ff.

corvadas (franz. corvées, v. corrogata, corruée Sachs WB. I, S. 351, Du. Ca. II, 590), sind ungemessene, persönlich zu leistende (besonders anzusagende) Frondienste verschiedener Art, im Gegensatz zu den gemessenen Feldarbeiten, welche regae, rigae (c. 10) heifsen und Vertretung zulassen, s. Ga. S. 221—222; Gu. C. S. 182; J. M. Ress „Des Kaisers Karl d. Gr. C. de villis" Helmstädt 1794): „höchst wahrscheinlich stammt corveda aus dem deutschen kör-bede". Richtig Bo. I, S. 83, Anm 1. Beispiele s. Gu. J. I, 644 - 648; II, S. 5, 6, 22, 29, 33, 95, 96, 105, 228, 241, 278, 285, 343, 353; Bo. S. 252, c. 8.

materiam (= materiamen, c. 62) Holz, insbes. Bauholz, Di. S. 465, Kö. No. 5162, 5163. Schw. I, 45, ahd. cimbar (Hattemer, Denkmäler I, 191, gizimbri = aedificium ebd. S. 297). Holzsortimente, gebräuchliche s. Schw. I, 45 ff., erwähnt sind im C. Zäune, Bauten aus Holz, Leuchtspäne, Schindeln u. A. (c. 62).

caedere fällen, Bo. S. 83, Anm. 2.

ulla dona vgl. Br. II 68 ff., 81, geforderte Liberalitäten.

berbicem = vervex, frz brebis (Kö. No. 1128).

porcellum vergl. sogales c. 10, 62, friskinguae in Staphinseier Expl. c. 8, Bo. S. 252.

causam ahd. Gl. (Hattemer Denkmäler I, 191): sahha- Sache., roman. wie im franz. chose.

buticulas soll nach Bo., Th. u. A. Getränke bedeuten, höchst wahrscheinlich sind darunter aber die Kürbisse, Kürbifsflaschen zu verstehen, wie sie bei romanischen Völkern noch heute im Gebrauch sind, hierüber ausführlich Ga. S. 220, Anm. 2, mit Berufung auf Columella XI, 3, 49 und Plinius XIX, 71. Vergl. auch unten c. 70, Anm. 10. Oder: Würstchen, von botellus, prov. budels? (Kö. 1297).

ortum st. hortum, hortorum fructus Bo. S. 83, Anm. 4, s unten c. 70, ebenda s. auch poma.

pullos u. *ova*, Hühner- u. Eierzinse s. Ga. § 9, Anm. 2, S. 220.

homicidio et incendio, unde **frauda** exire potest. Ad reliquos autem homines iustitiam eorum, qualem habuerint, reddere studeant, sicut lex est; pro fauda vero nostra, ut diximus, familia vapuletur. Franci autem qui in fiscis aut villis nostris commanent, quicquid commiserint, secundum legem eorum emendare studeant, et quod pro **frauda** dederint, ad opus nostrum veniat, id est, in peculio aut in alio praetio.

---

c. 4. Z. 4: unde frauda exire potest; aber Z. 6: pro fauda vero nostra: und Z. 9: frauda — dieses Wort hier am Ende der Zeile der Handschrift mit frischerer Tinte von etwas späterer Hand d. s. IX. Z. 7: mit frischerer Tinte von etwas späterer Hand über die Zeile geschrieben.

---

4. Das c. 4 unterscheidet 1. Beschädigung des Kgl. Fiskus: a) durch Hörige u. dgl.: Schadenersatz (den auch c. 62 als Einnahme vorsieht — quid de div. composit. — und statt des Friedensgeldes (fredum) Prügelstrafe (vapulando, s. auch c. 16: in dorso) oder schwerere Strafe. b) durch Freie: Schadenersatz nach Volksrecht und statt des fredum eine besondere Abgabe an das Hofgut selbst (eine Folge der oben S. 18 C. angedeuteten Erweiterung der Kompetenz der iudices), wie auch in c. 62 als Einnahme vorgesehen ist.
2. Beschädigung Anderer a) durch Hörige: der Iudex soll den Schadenersatz vermitteln (s. S. 14 bis 18 B.) c. 4 iustitiam eorum qualem habuerint reddere studeat sicut lex est = c. 52 diversis — justitiam) und aufserdem Prügelstrafe verhängen s. auch c. 16, c. 56: iustitiam faciat. b) durch Freie: Schadenersatz und besondere Gebühr an das Hofgut wie oben 1 b. Hinsichtlich der Gerichtsbarkeit s. im Uebrigen oben S. 16—19 u. Jastrow a. a. O. S. 25—27.

familia s. c. 2, 3; Ga. S. 219, 220, 228, 246.

partibus nostr. s. c. 1.

fraudem Beschädigung, absichtliche Schadenzufügung.

latrocinium schweres Eigenthumsverbrechen s. Br. II, S. 637 ff.; Schr. S. 344, s. auch unten c. 53 „*latrones*" l. sal. 47, 2; Behrend S. 63, 150.

neglecto Nachlässigkeit.

caput = capitale — z. B. l. sal. 65, 1 (Behrend S. 81) caballum in capite reddat, — Hauptschadenersatz, s. auch Bo. S. 83, Anm. 5; Gu. C. S. 175, No. 2. A. B. Schmidt u. Gi. U. Heft 18.

vapulando, Prügelstrafe Unfreier s. Ma. 553, Anm. 57, l. sal. XIII, 1. XVII, 5, 6, XLII, 1, 15, l. sal. M. XII, XXV, 13, XL, 1 u. 6, l. Alam. XXXVIII, 2, l. Burgund, IV, 4, 5, V. 5, 6, 7, XVII, 5, XXIII. 1. XXVII, 5, 11, XXXIII, 2, LXIII, 2, l. Fris. III, c. 4. Pactus pro tenore pacis Childebati & Chlotharii c. 6; Pe. LL. I, 8 (trecentos ictus); Bo. S. 5, Cap. v. 802, c. 15; Pe. LL. II, 16: „Si servus fuerit, solidos X ad populum et fredo dorsum" C. miss. Aquisgr. I ao 809, c. 11 (Bruch des metiban); Bo. S. 150; Pe. I, 155; Prügelstrafe gegen verurtheilte Liten u. andere Hörige Cap. v. 802. c. 15; Pe. LL. II, 16: Si litus fuerit, solidos XV componat ad populum et fredo dominico in dorso accipiat. (Hier citirt Ma. auch Cap. de villis c. 4. Ueber das Reklamationsrecht s. c 52, auch c. 16, 29. 57; Schr. 179; Br. II, S. 50, 138, 277; über Prozefsvertretung, advocatus, s. Lass. in Gi. U. Heft 39, S. 19 ff.

de reliquo überdies, nämlich als Strafbufse (als oder statt des fredum) neben der Schadenersatzbufse (caput.). homicid Br.: II 539, 629, incend. Br. II 539, 654 ff.

unde frauda exire potest soll heifsen unde fredum exire potest und gehört nicht zu dem Zwischensatze nisi tantum — incendio, sondern zu dem vorausgehenden Hauptsatze de reliquo — vapu-

5. Quando iudices nostri labores nostros facere debent, seminare aut arare, messes colligere, fenum secare, aut vindeamiare, unusquisque in tempore laboris ad unumquemque locum praevideat ac instituere faciat quomodo factum sit, ut bene salva sint. Si intra patriam non fuerit et in quale loco iudex venire non potuerit, missum bonum de familia nostra autem alium hominem bene creditum causas nostras providendi dirigat, qualiter ad perfectum veniant; et iudex diligenter praevideat, ut fidelem hominem transmittat ad hanc causam providendam.

6. Volumus ut iudices nostri decimam ex omni conlaboratu pleniter donent ad ecclesias quae sunt in nostris fiscis, et ad

---

c. 5. Z. 5: non mit frischerer Tinte nachgefahren. Z. 7: providendi; das letzte i ist von späterer Hand an Stelle des ursprünglichen o der Handschrift (providendo) gesetzt.

---

lando: durch die Prügelstrafe soll das fredum getilgt werden, s. Du. Ca. III, 364; Gu. C. 174; exire de aliquo crimine, l. sal. 47, 2 exuere se de latrocinio (Behrend S. 63).

frauda u. (Zeile 6) *fauda* ist fredum fridu, Friedensgeld, Strafbufse; Di. 587.

homicidium u. *incendium*, begangen durch Unfreie werden mit willkürlicher schwererer Strafe geahndet. Br. II, S. 555, 556.

Franci = ingenui Bo, vgl. Ga. § 9, S. 219.

pro lege, sicut lex est u. secundum legem: Hofrecht und Volksrecht neben einander: quo lege recip. discipl. hier bedeutet lex das Hofrecht, welches sich aus der hergebrachten Behandlung der Hörigen, Liten, Lassen, Aldionen und aus herkömmlichen und anderen Verträgen herausbildet und von dem C. anerkannt wird, Ma. I, S. 500, 503, 504; dieses ebenso wie das Volksrecht vom Herkommen ausgehende Hofrecht wird lex (s. richtig Seeliger, a. a. O. S. 36, 37) genannt, auch im Gegensatz zu den Capitularien, es heifst auch „drictus" (rom. woraus droit) s. Gu. J. S. 344; Du. Ca. III, 125, 195; — secundum legem aber heifst nach Volksrecht; für die Durchführung des Kompositionensystems aber siehe auch C. Heristall. 779, c. 22; (Bo. S. 51) C. Aquisgr. 813, c. 15; Bo. S. 172.

fiscis s. oben *villae* S. 23, vgl. c 6, Gu. J. I, S. 39, II, S. 108, 109, 121, 147, 149, 163, 177, 272, 301 u. a.; C. de just. fac. c. 7 Bo. S. 177; Exemplum in Asnap. c. 25; Bo. S. 254; Ga. S. 216, 218, Anm.

peculio, Vieh als Zahlungsmittel.

praetio vgl. l. ribuar. 36, 11 (Bo); Ga. § 1, S. 210, Anm. 1.

5. *iudices* s. c. 3, hier nun erscheinen sie als landwirthschaftliche Aufsichtsbeamte, Gutsinspektoren Th. S. 243.

messes colligere, von colligere: collecta (Erndte), cueillir Kö. 2009.

vindeamiare Weinlese halten, s. auch c. 8, 48; Kö. 8735; Di. 697; Behrend S. 162.

intra patriam non f. — ausführlicher nennt die Verhinderungsfälle des iudex c. 16.

missus hier überhaupt Vertreter, Waltboten s. Br. II, 189; Da. K. VII, 2. 248.

bene creditum, zuverlässig Th. 243.

ad perfectum zur Vollendung.

6. *decimam* (altfr. dismer, dîme) Zehent: über die Entstehung der Z.pflicht im Frankenreiche siehe Zorn, Kirchenrecht § 5, S. 73, insbes. Anm. 3 u. 4 und die in Anm. 2 ebenda angegebene übrige Literatur. Vergl. C. Heristall. 779, c. 7; Pe. I, 36; Bo. 48; C. Frankenof. 794, c. 25; Pe. I,

alterius ecclesiam nostra decima data non fiat, nisi ubi antiquitus institutum fuit. Et non alii clerici habeant ipsas ecclesias, nisi nostri aut de familia aut de capella nostra.

7. Ut unusquisque iudex suum servitium pleniter perficiat, sicut ei fuerit denuntiatum; et si necessitas evenerit quod plus servire debeat, tunc conputare faciat si servitium debeat multiplicare vel noctes.

8. Ut iudices nostri vineas recipiant nostras, quae de eorum sunt ministerio, et bene eas faciant, et ipsum vinum in bona

c. 6. Z. 4: ipsas von späterer Hand über die Zeile geschrieben.

73; Bo. 76; C. Mant. c. 11; Bo. 195; ad l. baiuv. Pe. III, S. 457 ff. (Aschheimer Synode c. 5, c. 7, alienas decimas verboten), S. 471, 480, 485.

conlaboratu = conlaboratione c. 62, vgl. c. 30. c. 28; auch l. rib. 37, 2.

fisci nostri c. 4.

instit. fuit vgl Ga. § 1, S. 210 zu Anm. 1.

clerici, über Kirchen- und insbes. Mönchsdisciplin s. zahlreiche C., z.B. C. Aquisgran. 813, Bo. S. 170, hierzu Ga. S. 228; vgl. C. 767, Bo. S. 45, admon. gener. 789, c. 25, c. 73, Bo. S. 53, 60; C. miss. in Theod. villa I, c. 13, Bo. S. 122.

familia c. 2, 3, vgl. Ga. § 12, Ziff. 3, S. 228.

capella s. Zorn, Kirchenrecht S. 60, vergl. Du. Ca. II, 116 ff.; Hi. c. 20; Br. II, 116.

Man mufs in c. 6 einen der frühesten Versuche erblicken. Das praktisch — auch vermögensrechtlich — zu konstituiren, was erst später gemeinkirchenrechtlich, nämlich das sich sehr langsam entwickelnde Recht der Pfarreien, das Parochialrecht wurde, s. erst c. unic. C. XIII q. 1 u. Loening, Gesch. d. Kirchenrechts II, S. 346, welcher aber die Eintheilung der fränkischen Bisthümer „in kleinere, unsern Pfarrsprengeln ähnliche Kreise“ doch schon in das sechste Jahrh. versetzen zu dürfen glaubt, — ob mit Recht, und allgemein? —

7. Dieses Kapitel bezieht sich auf den im Turnus oder nach besonderen Verhältnissen zu leistenden besonderen Hofdienst (servitium), der den Domänen aufser der allgemeinen Wirthschaftsbetriebspflicht obliegt, s. oben S. 16 (Einleitung VII, Stoffübersicht III f., c. 23, 24, 30, 44, 59, 61, 65) und setzt für den Fall einer nöthig werdenden Mehrleistung fest, dafs der I. prüfe (berechne, computare), ob (si) er die erforderliche wirthschaftliche Arbeit (servitium, Dienst, in diesem Sinne nun, z. B. die zur Bereitung der erforderlichen Menge von Seife, c. 59, von Malz, c. 61, oder von Käse, c. 34, erforderliche Arbeit) nicht auch (vel s. Anm. zu c. 32) auf Nächte ausdehnen müsse. And. A. Bo. (der *dies* hinzudenkt), ähnlich Th. C. 244, und wieder anders Gu. C. 177 u Ant.

servit. perficere s. auch C. Aquisgr. 813, c. 19; Bo. 172.

8. *vineas*, vergl. auch c. 22, 34, 41, 44, 48, 62, 64; C. Aquisgr. 813, c. 19; Bo. 172.

ministerio (davon altit mestiero, frz. métier Di. 212; Kö. No. 5307), Amt, Amtsbezirk Br. II, 79 (§ 69 mit Anm. 9, 10), s. c. 26, 45; Hi. S. 8, 13—16, 18—21; Bo. 254, No. 40; Gu. J. II, 226, 301, 332, 375 ff., 397. Vgl. oben Anm. iudex zu c. 3, insbes Sohm, a. a. O. S. 251.

vinum vgl. c. 34, 48.

vascula (modios c. 9, buticul. c. 3) s. auch c. 43, 64, 68; Ga. S. 230.

naufragatum verdirbt Du. Ca. V, 578.

peculiare, gewöhnlicher, Land-, Tischwein; Th. S. 244.

mittant vascula, et diligenter praevidere faciant, quod nullo modo naufragatum sit; aliud vero vinum peculiare conparando emere faciant, unde villas dominicas condirigere possint. Et quandoquidem plus de ipso vino conparatum fuerit quod ad villas nostras condirigendum mittendi opus sit, nobis innotescat, ut nos commendemus qualiter nostra fuerit exinde voluntas. Cippaticos enim de vineis nostris ad opus nostrum mittere faciant. Censa de villis nostris, qui vinum debent, in cellaria nostra mittat.

9. Volumus ut unusquisque iudex in suo ministerio mensuram modiorum, sextariorum, et situlas per sextaria octo, et corborum eo tenore habeant sicut et in palatio habemus.

---

c. 8. Z. 4: naufraga, Ende der Zeile der Handschrift, ist mit besserer Tinte nachgefahren; alio vero mit derselben Tinte in aliud verändert.

c. 9. Z. 1—2: mensuram modiorum sextari ist über die Zeile geschrieben. Am Rande beginnt hier die auf die Maaſse bezügliche Notiz: Item gomor, est mensura attica etc. s. oben Einleitung S. 12, Anm. 23, 24.

---

comparando emere statt des roman. accaptare, adcapitare (Di. S. 5; Kö. No. 69; frz. acheter) und statt des späteren roman. comprar Kö. No. 2047, s. auch c. 32.

villas condirig. „womit sie die königlichen Domänen versorgen"; condirig. s. Du. Ca. II, 487; Kö. No. 2074.

Et quandoquidem. Und wenn etwa mehr an diesem (Land-) Weine angeschafft worden sein sollte, als nöthig ist.

exinde dann.

cippatic. frz. cep, cepage, Du Ca. II, 334, Fechser, Ableger, Absenker, Bo. S. 83, Anm. 11.

enim: Es sollen nämlich auch Fechser in unserem Regiebetriebe zur Verwendung gebracht (mittere = franz. mettre, s. richtig Th. S. 244 mit Gu. C. gegen Ant.) werden, so daſs also bei der fortgesetzten Ausdehnung und Besserung des Eigenbetriebs der Fall, daſs zu viel Wein angeschafft ist, unberechenbar und leicht eintreten kann.

censa Br. II, 235, 236; auſser Weinzins, Hühner- und Eierzins c. 39, auch c. 3 wird verschiedener Zinsen gedacht c. 62, brev. exempl. Asnap. c. 25: Butterzins Bo. 254, census regales C. Theod. vill. c. 20, Bo. 125. Censiles Gu. J. II, 107, 148 u. a. — Bo. 132.

cellaria, Kellereien. Vgl. C. Aquisgr. 813, c. 19; Ga. § 12, Zff. 7, S. 231.

9. *ministerio* s. Anm. zu c. 8.

mensuram Normalmaſs, wie im Sinne der Art. 9, 18 d. deutschen Maſs- u. Gewichtsordnung vom 17. August 1868, BGBl. S. 473.

modiorum: der modius (frz. le muid = die Mute, s. Kö. No. 5361, die Tonne, das Oxhoft) ist das gewöhnliche Hohlmaſs der karolingischen Zeit (Scheffel, Malter, Metzen); es ist dieses Maſs wie andere auch schon in der vorfränkischen Zeit von den Römern zu den Germanen gekommen, ursprünglich ein Sechstel des griechischen Medimnus, ein Drittel der griechischen Amphora; die Beschlüsse der Frankfurter Synode von 794 (c. 4, Bo. 74), welche die Getreide- und Brodpreise amtlich tarifiren, gehen dabei von einem modius publicus et noviter statutus aus, nachdem schon die Admonitio generalis v. 789, c. 74 (Bo. S. 60) den Gebrauch von richtigem und gleichem Maſs und Gewicht eingeschärft hatte; auf denselben modius bezieht sich wohl wie das allgemein redende C. miss. von 803, c. 8 (Bo. 115) so insbesondere das die Preise höher setzende C. miss. Niumagae 806, c. 18 (Bo. 132). Man rechnet diesen modius zu ca. 52 Liter (Guérard, M. Wirth), er ist getheilt in situlae, die in verschiedenen Landestheilen und Zeiten verschieden waren, jeden-

10. Ut maiores nostri et **forestarii, poledrarii, cellerarii,** decani, telonarii, vel ceteri **ministeriales rega** faciant et sogales donent de mansis eorum, pro **manuopera** vero eorum ministeria

---

falls aber nach Karl's Anordnung in je acht sextarien (Sextar s. unten) getheilt sein müssen; der karolingische Gesetzgeber verzichtet darauf, die Gröſse all' dieser Maſse abstrakt festzustellen oder theoretisch zu bezeichnen, sondern schreibt einfach praktisch vor, daſs jeder Amtmann in seinem Amtsbezirk je ein authentisches Musterexemplar („mensura") des modius, der sextarien und der Corbi oder corbes, Körbe, ein Hohlmaſs für Heu, Holz u. dgl. — eine Art Kasten- oder ein Kummtmaſs des heutigen deutschen Aichrechts wie die Carrada = das Fuder, der Karren der karoling. Zeit — aufzubewahren habe, welches dem in der kaiserlichen Pfalz (zu Aachen) aufbewahrten — gewissermaſsen dem Urmaſse — entsprechen muſs, und daſs sich nach diesem der Verkehr, wenigstens soweit Lieferungen der oder an die Domänen in Betracht kommen, zu richten habe; die missi (Waltboten) wurden daher angewiesen, bei ihren Visitationsreisen auf das Vorhandensein der entsprechenden Maſse ihr Augenmerk zu lenken. Vgl. Adm. gen. 789 a. a. O.; C 813, c. 13; Bo. S. 174, brev. exempl. Asnap. c. 29 (s. die Einl. S 11, Anm. 22); Bo. S. 250, 255, 434; Ga. S. 232—233. Der Asnap. Bericht nennt übrigens auch ein kleineres Maſs, ein Bericht von 822 (s. unter corborum) ein von Ludwig d. Frommen eingeführtes Maſs.

sextariorum, ein Sechstel des römischen congius, hiervon der Sexter, setier (Kö. No. 7437), ein in allamannischen Gebieten bis in die neueste Zeit gebräuchliches Maſs, von $7^1/_2$ Litern oder anderswo 15 Litern; semisextar (emina), Maſs des täglichen Getränks, Bo. 291 (c. 29), 345, Anm. 30.

situla (wovon sprachlich Seidel abgeleitet wird, Bo. 84, Anm. 12, fr. seille, it. secchia, Di. 289; Kö. 7507), wird in einer St. Galler Glosse sec. X mit Einbar (= Eimer, Gefäſs mit einem Henkel, im Gegensatz zu Zuber s. c. 68 barricl.) übersetzt.

corborum, s. oben corbes od. corbi; im Asnapischen Bericht cc. 25, 30, 32, 39 (Br. 254, 255, 256) kommen diese durchaus als Maſs für spelta vor; ebenso in den Statuta antiqua abbatiae Sti Petri Corbeiensis (Brevis quem Adelhardus .... aò incarn. domini DCCCXXII ... fieri jussit, s. Gu. J., 306 ff.), wo es im sechsten Kapitel heiſst: „Volumus sit annis singulis veniant de spelta ventilata atque mundata corbi DCCL, unusquique corbus habens modia XII bene coagitata et rasa, ad istum novum modium, quem domnus imperator posuit." Gu. J. II, 311.

10. Die Glieder der familia (c. 2) haben entweder a) beneficia, oder b) mansen oder sind c) provendarii:

a) *beneficia* Begriff u. Entwickelung ders. s. Br. § 91; v. Schu. S. 102 bis 108; Schr. S. 159—163; Rechte und Pflichten eines Beneficiarius s. Br. II, S. 251—255. Aufzeichnung und Inventarisirung der beneficia s. Ga. S. 214 bis 217; pflegliche Behandlung ders. s. C. 768, Pe. II, 13, Bo. 42, 43; C. 789, c. 35, Pe. I, 67, Bo. 64, 65; C. 794, c. 4; Pe. I, 71; Bo. 74; C. miss. 802, c. 6; Pe. I, 91; Bo. 93; C. miss. 802?, c. 49; Pe. I, 99; Bo 104; C. miss. 806, c. 6, 7; Pe. I, 143; Bo. 131; Ansegis III. c. 19, 20; Bo. 427; C. 807(?), c. 4; Pe. I, 149; Bo. 136 (wo in Anm. 3 statt 37 zu lesen ist 35 u. statt 9: 49); insbes. aber im C. de just. fac., Boulogne s. m., 811 s. oben Einleitung Seite 10, c. 5, 6, 7; Pe. I, 174; Bo. 177 u. im C. Aquisgr. 813, c. 4; Pe. I, 187; Bo. 170; welches, wie Ga., S. 226, 227 zeigt,

bene praevideant. Et qualiscunque maior habuerit beneficium, suum vicarium mittere faciat, qualiter et manuopera et ceterum servitium pro eo adimplere debeat.

---

als gesetzgeberische Einschärfung und Fortbildung der vorerwähnten Verordnungen anzusehen ist; über die Verwaltung der benefic. s. auch Ga. S. 215—217, S. 222 bis 227, S. 246. Man hat die königlichen Beneficien zu unterscheiden: 1. von den königlichen Regiegütern (Krongüter in Eigenverwaltung des Fiscus, s. die von Ga. S. 218 zusammengestellten Belege; 2. von den im Wege der Güterleihe vergebenen königlichen Zinsgütern, s. Waitz, Verf.-Gesch. IV, 207; Br. II, S. 251, Anm. 34; C 818, 819, c. 4; Pe. I, 214; Bo. 285; 3. von den mansen s unter b; 4. nach einem in der Karolingerzeit beginnenden Sprachgebrauche auch von den precarien, welche nicht den Reiterdienst mit sich bringen; Br. II, S. 251 zu u. mit Anm. 37—39. —

b. *mansi* d. s. sind die zur Domäne gehörigen, von ihr abhängigen Höfe, Zinsgüter, welche mit Hintersassen der Villa, zinspflichtigen Colonen und Knechten, homines commanentes, tributarii, fiscalini, Hofbediensteten verschiedener Art besetzt sind; hierüber oben c. 10, ferner c. 67. Br. I, 209, II, 251 mit Anm. 35, 38; Waitz, Verf-Gesch. IV, 181, Anm. 1; Ga. S. 221, 246.

c) *provendarii*, s. Ga. S. 221 und s. auch oben Einleitung VII, S. 15.

majores = Maier, Verwalter; Stand derselben s. c. 60; vgl. l. sal. X Zus. 4, der nach dem Herold'schen Text beginnt: „si quis majorem, infestorem (= Truchsefs, Br. II, 101), scantionem (= butticularius), mariscalcum, stratorem (= Strafsenmeister), fabrum ferrarium, aurificem sive carpentarium u. s. w. s. Behrend l. sal. S. 14. Major = „Unfreier, der einem Dienstzweige im Haushalt des Herrn vorsteht"; majorissa quae ancillis praeest l. sal. X zur 4. Behrend S. 151. Br. II, S. 104. Jeder Fiscus zerfällt in ministeria, „deren jedes einem Unterbeamten des actor (= iudex), Namens maior, zugewiesen ist". Br. II, S. 125.

forestarii Forstbeamter, vgl. C. miss. gen. 802, c. 39; Bo. 98; C. Aquigr. 813, c. 18, 19; Bo. 172; Da. K. VII. 2, S. 246; Gu. J. II, S. 59, 149.

poledrarii Gestütsbeamter, vgl. c. 13 bis 15, 50; Ga. S. 241—242.

cellerarii Kellereibeamter, Kellermeister u. dgl., vgl. Synod. Franconof. c. 14; Bo. S. 75; Gu. J. II, S. 107, 199, 316 ff. Untergebene des Buticularius.

decanus (vgl. c. 58) decanus et forestarius ministerialis Gu. J. II, S. 149; dec. junior ibid. S. 85, 105; decani villatici ibid. S. 85, 95, 105, 135, 163, 214, 228, 315, 341, 367, 369, 399, 401, 402; Hi. c 17, p. 15, Z. 17; cfr. Walafridus, de exordiis et incrementis rer. eccles. c. 32; Cap. p. 515. decanus s. Da. K. VII, 2, p. 126 bis 138; Br. II, S. 125; Waitz, Verf.-G. I, S. 486: Ministerialis, welcher einen decania benannten Komplex von Höfen unter sich hat, oder die Polizei hat. Kö. No. 2409.

telonarii Zollbeamter, vgl. c. 50, 62, von pontes, naves, cambis, mercat., molinis etc.; auch C. Theod. villa Bo. 124, 125, 418, 441. Ueber den Ursprung des fränk. Zollrechts s. ausführlich E. Wetzel in Gi. U. Heft 43, 1893, S. 2 ff., 11 ff.

ministeriales Inhaber eines ministeriums, Amtes (s. c. 4), (c. 16, 41, 45, 47, 58) auch Unfreie höheren Ranges. Br. I, 234, II, 79; Gu. C. I, 599, 181; Hi. c. 10, 17, 23, 26, 28.

rega faciant: a. = arare certam mensuram terrae, riga = engl. ridge, franz. raie, deutsch Furche, Reihe, so Bo. S. 84 Anm. 15, b. rega = deutsch Reihe, Reihedienste und Reiheleute, qui juribus communitatis gaudent, eius-

11. Ut nullus iudex mansionaticos ad suum opus nec ad suos canes super homines nostros atque in forestes nullatenus prendant.

12. Ut nullus iudex obsidem nostrum in villa nostra commendare faciat.

13. Ut equos emissarios, id est waraniones, bene praevideant et nullatenus eos in uno loco diu stare permittant, ne forte pro

---

c. 11. Z. 1: nec — nostros ist über die Zeile geschrieben.
c. 12. bene praevident ist über die Zeile geschrieben.

---

que onera per vices portant, so Pe S. 183, N. 3; demnach = scara, Scharwerk, servitium in diesem Sinne, wie im Staphinseier Bericht c. 8. Bo. S. 252, N. 33, angaria in equis vel aliis servitiis Du. Ca. VII, 337, wo dieses c. 8, ferner Registr. Prum. S. 424 u. Praecepta Lotharii ao. 856 u. a. citirt sind; Br. II, S. 232 mit Anm. 40, 41, an letzterer Stelle: andecena (andecenga) l. baiuv. I, 13, wozu die Glosse: skaramez. r. jedenfalls Gegensatz zu corvadas in c. 3 Gu. C. S. 182, s. oben Anm. A. A. Kö. No. 6912 (gall.).

sogales = Frischlinge, junge Schweine (Bo.: sues; Pe.: porcos), friskinguae im Staphinseier Inventar c. 8 Bo. 252, s. oben Einl. S. 14, nicht dem Iudex zustehend c. 3, sondern nach c 24, 28, 30 zu verwenden bezw. zu verwerthen s. Ga S. 222. In der Tegernseer Handschr. d. l. baiuv. (sec. IX bis XI) steht über pascuarias in Tit. I c. 13: die (wohl gleichalterige) Glosse: friskinga (also Frischlinge als Weidezins) secundum usum provinciae; Spanferkel, sog. v. suco Di. 312; sonst häufig als Hörigkeitsabgabe gebräuchlich.

11. *mansionaticos* prendere, accipere (von mans. frz. menage, Kö. m. 5073) = Herberge und Verpflegung fordern, nehmen, Bo. S. 84, Anm. 17; Pe. I, S. 182, N. 5; Br. II, 231; hierzu s. unter c. 27 und Epistola Caroli ad Pippin. Bo. S. 211.

Absicht dieses Kapitels s. Ga. S. 219, 220, 222: Kein Amtmann darf bei unseren Untergebenen zur Förderung seiner Wirthschaft Quartierleistung (Unterkunft mit Verpflegung) fordern, auch nicht für seine Hunde, und insbesondere auch nicht in den königlichen Forsten. — Unrichtig conjicirt u. übersetzt forenses statt forestes Gu. C. S. 182—183, unrichtig auch Ant. und Refs; richtig in der Hauptsache Th. S. 245.

canes, Hundehaltung s. auch c. 23, 58.

forestes, Forsten. Forst- und Jagdschutz s. auch c. 36 u. a.

12. *obsidem* = Geisel (Speerbürge, Schr. S. 329 u. Z f. R. Gesch. XX, S. 53). C. Ingelheim 807, Pe. I. S. 151. Ueber das in der Karolingerzeit häufige Geiselnehmen s. Ga. S. 219, Anm. 2. Vgl. indiculus obsidum Saxon. Magont. deducendorum Pe. I, S. 89; Bo. 233, auch divisio imperii 806, c. 13.

commendare faciat: Kein Amtmann darf königliche Geiseln zu (seinen) Vasallen machen; hierüber s. Victor Ehrenberg, Commendation und Huldigung nach fränk. Recht (1877) S. 14, 69 u.a.; Br. II, 271 ff. Unkündbarkeit der Vasallität s. ebenda S. 273. Ga. S. 243, 245.

13. equi emissar. = waraniones Hengste, vom german. wranjo (vgl. l. sal. XXXVIII, 2. Zus. 2, auch varannio), ahd. wrenno (Grimm l. sal. S. XXVIII), davon vielleicht Range oder Renner? Di. I, 228; it. guaragno, prov. guarangno, spa. garañon, Behrend S. 163. Kö. Nr. 8909; Schade WB. II, 1202.

hoc pereat. Et si aliquis talis est quod bonus non sit, aut veteranus sit, si vero mortuus fuerit, nobis nuntiare faciant, tempore congruo antequam tempus veniat, ut inter iumenta mitti debeant.

14. Ut iumenta nostra bene custodiant et poledros ad tempus segregent; et si pultrellae multiplicatae fuerint, separatae fiant et gregem per se exinde adunare faciant.

---

c. 13. pro hoc (Handschrift) statt per hoc, wie c. 28. aut ist übergeschrieben.

---

id est: Wenn die lateinische Bezeichnung eines Gegenstandes nicht in die Volkssprache übergegangen, sondern in dieser durch einen aus germanischer oder keltischer Wurzel hervorgegangenen oder durch einen bereits umgebildeten — romanischen — Ausdruck ersetzt oder verdrängt ist, so sucht der Verfasser des C. de villis das Verständnifs durch die Beifügung des letzteren, des gebräuchlicheren Ausdrucks zu sichern, so sind z. B. die lateinischen Worte: anser, auceps, securis, equus emissarius, terebrum nicht in die Volkssprache der Franken aufgenommen worden, daher wird c. 62 zu anser das romanische auca (ital. oca), zu auceps (c. 45) aucellator, zu securis (c. 42) das in das Romanische übergegangene cuniadas (cuneatus, frz. cognée, Kö. No. 2333, vgl. auch Epist. ad Fulrad. Bo. S. 168), zu eq. emiss. (c. 13 oben) das germanische waranio, zu terebrum (c. 42) das aus dem Keltischen genommene taradros (Kö. No. 8040) beigefügt; so s. auch teguriis (c. 49), siceratores c 45 u. a.; vgl. auch C. monasticum, 817 (Bo. S. 345): manicas-wantones. Romanische Formen s. ferner c. 3, 16, 18, 23, 34, 42, 45, 46, 62, 67, 68 u. a. Germanische s. Anm. zu c. 16.

praevideant: Die Amtmänner sollen für unsere Hengste gut sorgen und sie unter keinen Umständen lange stehen lassen, damit kein Hengst (— durch zu langes Stehen im Stalle —) verderbe; ist ein Hengst untüchtig oder zu alt oder umgestanden, so müssen uns dies die Amtmänner melden, bevor die Zeit der Stutendeckung kommt. Die Leitung der Gestüte ist nach Karl's Anordnungen vollständig centralisirt, wie sich aus cc. 13, 14, 15, 50 ergiebt; für das Gestütepersonal ist besonders gesorgt, s. c. 50 u. Anm. hierzu. Die Wichtigkeit der Pferdezucht für die karolingische Zeit ergiebt sich namentlich daraus, dafs der Reiterdienst militärisch immer mehr in den Vordergrund trat (vgl. Stenzel, Versuch einer Geschichte der Kriegsverfassung Deutschlands S. 93, 303; Roth, Gesch. d. Beneficialwesens, 1850; Waitz, Anfänge der Vassallität, 1856; Waitz. Verf.-Gesch, Bd. IV (S. 462 u. a.); Br. II, 207 ff., 254; Schr., R.-Gesch., S. 154, Anm. 19; Martin Baltzer, Zur Gesch. d. deutsch. Kriegswesens in der Zeit vor den letzten Karolingern ct, 1877, S. 2. — A. Baldamus in Gi. U. Heft 4, 1879, S. 4 ff. — Andere Beweise der Wichtigkeit der Pferdezucht s. Ga. S. 241—242, Anm. (Heliand zu Luc. II, 8 u. lex sax. c. 29), C. Aquisgr. 813, c. 19. Pferdebestand: Brev. exempl. Asnap., c. 31; Bo. 255.

iumenta (frz. jument, Kö. No. 4489) Stuten.

14. *iumenta:* Auf unsere Stuten sollen die Amtmänner ein wachsames Auge haben und rechtzeitig sollen sie die Hengstfohlen absondern; und wenn durch die Züchtung zahlreiche Stutenfohlen gewonnen wurden, so sollen sie von jenen getrennt und zu einer eigenen Heerde vereint werden. Vgl. c. 13, 15, 50 nebst Anm.

15. Ut poledros nostros missa sancti Martini hiemale ad palatium omnimodis habeant.

16. Volumus ut quicquid nos aut regina unicuique iudici ordinaverimus aut ministeriales nostri, sinescalcus et butticularius, de verbo nostro aut reginae ipsis iudicibus ordinaverit, ad eundem placitum sicut eis institutum fuerit impletum habeant; et quicunque per neglegentiam dimiserit, a potu se abstineat postquam ei nuntiatum fuerit usque dum in praesentia nostra aut reginae veniat, et a nobis licentiam quaerat absolvendi. Et si iudex in exercitu aut in wacta seu in ambasiato, vel aliubi fuerit, et iunioribus eius aliquid ordinatum fuerit, et non conplacuerint,

---

c. 15. male — omnimo ist übergeschrieben.
c. 16. Z. 1—2: unicuique — ordinaveri ist übergeschrieben. Z. 9: conplacuerint, was Pe. und Bo. in conpleverint korrigiren.

---

poledros (mlat. pulletrus, poledrus s. l. sal. et alam. Gloss. poledro ahd. folo, poledra fulihha Di. 252; Kö. No. 6250, frz. poulains, Bo. 84, No. 19. Hengstfohlen.

ad tempus, frz. à temps = zur rechten Zeit, bei Zeiten (Sachs W. B. 1511).

segregent, vgl. c. 33 u. C. Aquisgr. 813 c. 19; Ga. S. 231.

pultrellae Stutenfohlen, von poledrus s. oben, frz. pouliche, Kö. 6250; Bo. No. 20.

separatae, von separare (trennen) stammen zwei frz. W.: separer trennen und sevrer (ein Kind) entwöhnen (Kö. 7379), = spenen. Weigand II, 747.

gregem, Gröfse einer gr. l. sal. em. 41, l. rip. 18, 1, l. alam. 29. 4. Gu. C. 190.

15. *poledros* s. Anm. zu c. 14. „Die Hengtfohlen (— deren Absonderung von den Stuten c. 14 vorschreibt —) sollen bis spätestens 11. November (St. Martin) zu Hofe geschickt werden." Vgl. cc. 13, 14, 50 u. die Anm. hierzu.

St. Martin die Feste s. Anseg. C. lib. I, c. 158; Bo. S. 413 u. lib. II, c. 33; Bo. S. 422.

16. *Regina* vgl. Hi. c. 22, Gu. C. S. 191; Ga. S. 211—214, c. 27, 47, 58. Schlüsselgewalt der deutschen Hausfrau: Tac. Germ. 15, 18 u. a.; Br. II, 100; He. II, 295, 297; Schr. 308 ff; E. Hermann in Gi. U. Heft 9, 1880, S. 91, 102 u. a; Ilwof a. a. O. S. 416. — Das Stammrecht der Karolinger, die l. rib., läfst als Folge jener fraulichen Bethätigung die Ehefrau an der Errungenschaft theilnehmen, s. Ga. S. 214 u. Giefsener Ludwigsprogramm 1885 S. 5, 6.

sinescalcus (urspr. Altknecht) Seneschall, der Oberste des unfreien Gesindes, s. Hi. c. 16, c. 23; Br. I, 285, II, 101 (Anm. 37), 102, 104, 123 (Anm. 37); Da. K. VII, 2, S. 238 bis 239; nach dem C. de villis scheint er die Stellung des Truchsefs oder die des Hofdomesticus einzunehmen. Br. II, 101, 123. Vgl. auch E. Hermann in Gi. U. Heft 9, S. 108 u. a.

butticularius (auch buticularius, pincerna) Schenk, Da. K. VII, 2, S. 242-243, Br. II, 102; oberster Verwalter der königl. Kellereien Schr. 138; Schu. 110. Vergl. auch c. 27, 47. (Sprachlich v. buttis s. c. 68 und buticula c. 3) Hi. (c. 16, S. 15, Z. 12, c. 23, S. 18, Z. 5—15) grenzt die Kompetenzen dergestalt ab, dafs dem butic. der potus, dem comes stabuli der victus caballorum und dem senescalcus omnia cetera zufallen.

placitum Verfügung Kö. No. 6192.

tunc ipsi pedestres ad palatium veniant, et a potu vel carne se abstineant; interim quod rationes deducant propter quod hoc dimiserunt; et tunc recipiant sententiam, aut in dorso aut quomodo nobis vel reginae placuerit.

17. Quantascunque villas unusquisque in ministerio habuerit, tantos habeat deputatos homines qui apes ad nostrum opus praevideant.

---

c. 17. Z. 1: rio habuerit ist übergeschrieben.

---

impletum habeant, sie sollen vollbringen, vgl. Ga. S. 228.

a potu se abstineat, — a potu *vel carne* = meziban, meteban, matban = a cibo interdictus s. Grimm RA. S. 735, C. miss. Aquisgr. 809, c. 11, Bo. 150; C. inc. Bo. No. 130, S. 257; C. Bonon. 811, c. 6; Bo. 167; Vorbann, s. Br. II, 465, Anm. 17; Frensdorff, Recht u. Rede S. 486. Vergl.: a vino et cocto suspensi in päpstl. Erlassen bei Du. Ca. II, 386.

exercitus s. c. 30, 64 nebst Anm.; hiltiskalk s. Pe. III, 450. Ueber das Heerwesen s. Lit. oben zu c. 13 unter praevid.

wacta s. auch c. 27, Wache, Wachtdienst, öffentlicher Polizeidienst, Br. II, 226, 228, auch Wachtthurm; s. auch C. Bonon. 811, c. 2; Pe. I, 172; Bo. 166. C. de Hisp. 815, c. 1; Bo. 261. — Schade Altd. WB. S. 1077. — Vgl. hiermit auch langob. sculca (Rothar. 21, Du. Ca. II, 411 = excubiae), auch Bo. 84, No. 23: custodia (finium) seu in servitio dominico; Schr. 153, 192.

ambasiato, ambasia s. l. sal. 1, 4, 16 Zus. 1, C. 3, 1: dominica ambascia: Königsdienst. Behrend l. sal S. 1, S. 98. Ueber den Ursprung dieses Wortes s. Di. I, 15—16; Schade 13, Kö. No. 499, 501; Du. Ca. I, 215; Br. II, S. 79 (§ 69, Anm. 9).

pedestres frz. piètre, zu Fufs (Di. 808), Ki. 5988.

rationes: während sie die Gründe, weshalb sie den Befehl nicht ausführten, auseinandersetzen (deducant), sollen sie fasten.

sententiam Urtheilsspruch, Urtheil. Ueber die Beschwerde an den König u. s. w. s. c. 4, 29, 52, 57. Vgl. Schr. S. 179; Br. II, S. 50, 138, 277.

dorso vgl. c. 4 vapulando, auch Ga. S. 219.

aut quomodo, z. B. patibuli C. Aquisgr. 813, c. 11; Bo. S. 171: carcer sub terram l. langob. tit. 57. Du. Ca. II, 162 (cul de bassefosse) VI, 217.

reginae placuerit s. oben regina.

Zu *sinescalc*, *wacta:* andere germanische oder halbgermanische Worte in C. sind: batlinia (c. 42), brogilos (c. 46), et lehas (c. 40), forestis (c. 36 u. a.), forestarii (c. 10 u. a.), heribannum (C. Bonon. 811, c. 2; Pe. I, 172; Bo. 166), herbergare (C. Bonon. 811 a. a. O.), medum (c. 34), niusaltus (c. 34, 66), plebio (c. 24, 42), rega (c. 10), scara (C. Bonon. 811 a. a. O., s. auch Anm. zu rega c. 10), scura (c. 19), sulcia (c. 34), waisdo (c. 43), waraniones (c 13), warda (C. Bonon. 811 a. a. O.), auch corbi (c. 9), spervarii (c. 36) u. a.

17. *quantasc.* roman. = quot, tantos rom. = tot. s. c. 69, Kö. 6544.

ministerio, c. 3, 8, demnach mögl. mehrere Villae umfassend.

deputatos, die Zeidler sollen als provendarii angestellt werden, s. c. 31 u. 50 mit Anm Ga. S. 221, Anm. 1, S. 246 u. oben Einl. S. 15.

apes, über Bienenzucht s auch c. 34. 59, 62 (medum, mel, cera), C. Aquisgr. 813, c. 19; Bo. 172, vgl. Ga. S. 251; Schw. I, 48, 49; vasa apium s. Brev. exempl. Staphins. c. 7, Bo. 252.

18. Ut ad farinarios nostros pullos et aucas habeant iuxta qualitatem farinarii, vel quantum melius potuerint.

19. Ad scuras nostras in villis capitaneis pullos habeant non minus C, et aucas non minus XXX. Ad mansioniles vero pullos habeant non minus L, aucas non minus quam XII.

20. Unusquisque iudex fructa semper habundanter faciat omni anno ad curtem venire, excepto visitationes eorum per vices tres aut quattuor seu amplius dirigant.

21. Vivarios in curtes nostras unusquisque iudex ubi antea fuerunt habeat, et si augeri potest, augeat, et ubi antea non fuerunt et modo esse possunt, noviter fiant.

---

c. 18. Z. 1—2: iuxta — quan ist übergeschrieben.
c. 19. Z. 1—2: beant — et aucas ist übergeschrieben.
c. 20. Z. 3: dirigant (oder dirigeat) ist übergeschrieben.

---

18. *farinarii:* Mehlmühle = molina C. Aquisgr. 813, c. 19; Bo. 172 (über Befriedung der — Br. II, 582, l. sal. XXII, 1, Zus. 2, Mühlschleuse Behrend l. sal. S. 27, ibid. XXXI, Zus. 2 via lacina Behrend S. 40.

pullos Hühner u. aucas Gänse, vgl. c. 19; Mastgeflügel c. 38, Hühner- und Eierzinse c. 3, 39, feineres Geflügel c. 40 mit Anm. Zu c. 18, 38—40 s. auch C. Aquisgr. 813, c. 19; Ga. S. 231.

auca v. lat. avis, avica, rom. auca, it. oca, uccello, frz. oie, oiseau, vgl. c. 62 anseres id est aucas u. die Anm. zu c. 13. S. auch Gu. J. II, S. 5, 149, 199, 400. Brev. exempl. Asnap. (s. oben S. 11) c. 25—27; Bo. 254.

vel wie c. 7 u. 32 Anm.

quantum rom. = quot s. c. 17, 69; Kö. 6544 „und zwar je mehr desto besser".

19. *scuras* = scuria (l. alam. LXXVI, s. Lehmann S. 141) = ahd. sciura, scûra, mhd. schiure, schiur, nhd. Scheuer, auch Stall, escurie, écurie Kö. No. 7320; Di. 567. Vergl. l. baiuv. (Text I) X, 2; Pe. LL. III, 307 (Baierische Arten von Scheuern s. ebenda: scof, parc, mita, scopar); l. sal. XVI, 3: machalum, Behrend S. 151. Vgl. Ma. I, 115 ff.

mansioniles Vorwerke im Gegensatz zu den gröſseren capitaneae v. Bo. S. 84, No. 24, brev. exempl. Asnap. c. 25, Bo. 254; sprachl. Kö. 5075.

20. *fructa:* Gu. O.: le produit des poules et des oies, Th. richtig: die Gutserzeugnisse.

habundanter reichlich.

omni anno das ganze Jahr hindurch.

curtem Haupthof (Th.), Salhof s. oben S. 14, S. 24, Anm. 4 u. unt. c. 50.

venire faciat soll kommen lassen.

excepto scilicet: hoc, d. i. dieses ausgenommen, also: und auſserdem.

visitationes Besichtigungen.

per vices der Reihe nach, abwechslungsweise: der J. hat drei- bis viermal im Jahre die ihm unterstellten Fronhöfe zu besichtigen. Ilwof a. a. O. S. 418.

21. *Vivarios*, lat. vivarium, frz. vivier, Weiher, Fischteich, s. auch c. 62, 65.

curtis, s. oben S. 24 Anm. 4.

habeat etc., über Fischzucht u. s. w., s. auſser c. 21, 62, 65 auch C. Aquisgr. c. 18, 19 (Bo. 172): vivaria cum pisces, vennas = piscatoria, septum ad intercipiendos pisces Du. Ca. VII, 271 venna; s. auch C. zu l. sal. 6, 3, § 2; Behrend l. sal. S. 110, 161; Ga. S. 231. Fastenspeise c. 44. Fischer s. 45.

modo, jetzt (Kö. 5362).

22. Coronas de racemis, qui vineas habuerint non minus tres aut quattuor habeant.

23. In unaquaque villa nostra habeant iudices vaccaritias, porcaritias, berbicaritias, capraritias, hircaritias quantum plus potuerint et nullatenus sine hoc esse debent. Et insuper habeant vaccas [ad] illorum servitium perficiendum commendatas per servos

c. 32. Z. 1: ritios ist übergeschrieben. Z. 2: hircaritias ist theilweise nachgefahren von späterer Hand. Z. 4: ad ist ergänzt von Guérard und Bo.; es fehlt in der Handschrift und bei Pe.

22. *Coronas.* Die Bedeutung dieser Vorschrift ist bestritten: Tressenreuter, Anton, Pertz, Volz, Refs und in neuester Zeit Ilwof sind der Meinung, dafs unter Kränzen die Ab- oder Kennzeichen von Weinschenken zu verstehen sind, und dafs den Amtmännern zur Pflicht gemacht wird, solche Schenken in entsprechender Anzahl zu halten: Pe. I, S. 182, N. 7: coronas id est cauponas corona exposita conspicuas.

K. W. Volz: Beiträge zur Kulturgeschichte. Der Einflufs des Menschen auf die Verbreitung der Hausthiere und der Kulturpflanzen (Leipzig, Teubner 1852, S. 177): „Die Beamten, welche Weinberge unter sich hatten, mufsten 3—4 Kränze von Weinreben, d. h. Reifwirthschaften, in ihrem Bezirk halten, um den herrschaftlichen Wein auszuschenken."

J. H. Refs: Des Kaiser Karls des Grofsen Capitulare de villis (Helmstädt, Fleckeisen, 1794) übersetzt: „Wo Weinberge sind, da sollen wenigstens drei oder vier Weinkränze sein" und fährt fort: „Aus der corona de racemis weifs ich sonst nichts zu machen als einen Schild oder ein Zeichen eines Weinschankes oder Weinverkaufs. Man pflegt auch wohl eine Traube von Blech statt eines Schildes auszuhängen. Karl hält es nicht unter seiner Würde, Weinschänken auf seinen Gütern zu haben." Refs a. a. O., S. 38. Ders. Ans. ist Ilwof a. a. O. S. 418.

Dagegen halten Guérard, Boretius, Thaer und Erler jene coronas für Rebenkränze oder Reife, an welchen die Trauben, die für den königlichen Tisch bereit zu halten oder zu liefern sind, aufgehangen und hängend aufbewahrt wurden: vinearum dominicarum cultores non minus quam tres vel quatuor racemorum coronas conservare faciant in usum regium Gu. C. a. a. O.; Bo. S. 85, N. 25; Erler a. a. O., S. 65; Th. berichtet beide Ansichten; die letztere verdient den Vorzug vor der von Pertz, Volz und Refs, denn Weintraubenlieferungen und der Gebrauch Früchte aufzuhängen sind für jene Zeit nachweisbar: s. Du. Ca. II, 574 i. f.: Abbas et conventus .... debebant annuatim coronam de racemis; über den Gebrauch Früchte aufzuhängen s. Kö. No. 6021.

racemis, Weintrauben, prov. razims, frz. raisin Di. 664.

qui vineas habuerint, entweder Amtmänner selbst oder besondere vinitores, Winzer, s. Da. K. VII, 2, S. 246.

vineas, s. c. 8, 34, 41, 44, 48, 62, 64.

23. *vaccaritias* — hircaritias: Züchtereien, Zuzucht von Rindvieh, Schweinen, Schafen, Ziegen und Bockhaltung (Th. S. 247).

porcarit. Ueber Schweinezucht s. auch c. 35 u. C. Aquisgr. 813, c. 19 (Bo. 172); Ilwof a. a. O., S. 423, Westdeutsche Zeitschr. 1882, S. 289. Starke Verwendung von Schweinefleisch u. -Fett ergiebt sich wie aus cc. 34, 35 wohl auch aus c. 64 in Verbindung mit C. Aquisgr. 813, c. 10 und den Brev. exempl., c. 25, 30; Bo. 252, 254, 255. Abgabe von

nostros, qualiter pro servitio ad dominicum opus vaccaritias vel carrucas nullo modo minoratae sint. Et habeant quando servierint ad canes dandum, boves cloppos non languidos, et vaccas sive caballos, non scabiosos aut alia pecora non languida. Et ut diximus, pro hoc vaccaritias vel carrucas non minorent.

24. Quicquid ad discum nostrum dare debet unusquisque iudex in sua habeat plebio, qualiter bona et optima atque bene studiose et nitide omnia sint conposita quicquid dederint. Et

---

c. 23. Z. 5: dominicum ist hier ebenso abgekürzt wie am Schlusse des Capitulare. Z. 5—6: vaccaritias vel carrucas (Handschrift u. Pe.) emendirt Guérard u. Bo. in vaccaritiae vel carrucae. Z. 7: ad canes dandum (Handschrift u. Pe.) verändert Guérard u. Bo. in ad carnes dandum. Z. 9: pro hoc (Handschrift) wie auch in c. 13 statt per hoc.

c. 24. Z. 1—2: quisque — plebio ist übergeschrieben.

Schweinen s. c. 10 nebst Anm. — Ga. S. 231.

insuper: überdies.

qualiter: so dafs.

carrucae (vgl. l. sal. XXXIV, 2, wo es auch statt erpicem = Egge steht, XXXVIII l. caballus carrucarius), prov. = carruga Wagen, irgend ein Fuhrwerk (Kö. No. 1659), das Fuhrwesen; bei den landwirthschaftlichen Lieferungsfuhren und Arbeiten darf das herrschaftliche Vieh und Fuhrwesen nicht verwendet werden, sondern die unfreien Arbeiter müssen den Amtmännern für jene Fuhren Kühe zur Verfügung stellen (Spanndienst).

ad canes dandum: die Emendation Guérards, welcher sich Thaer, S. 247 anschliefst: ad carnes dandum, zur Fleischlieferung, ist willkürlich und unrichtig; gemeint ist das Füttern der Jagdhunde (c. 58) mit Fleisch, wie la curée, curie, vgl. Tristan 2994 ff.; Schade, Altd. W. B. S. 527.

cloppos écloppés, clopiner, s. Bo. S. 85, N. 26, vgl. l. alam. c. 65 § 34 edd. K. Lehmann LL. V, I, S. 127; Du. Ca. II, S. 377; Th. a. a. O.: verstümmelt, kastrirt; anders Pe. I, S. 183, N. 8; Di. 550.

24. *discum* = Tisch (Di. 559, Kö. 2605), Lieferungen für die königliche Tafel c. 59, 61, wohl auch c. 22, s. oben Einl. S. 16 servitium; brev. exempl. Asnap. c. 25, Bo. 254. Wichtigkeit der Königstafel s. E. Hermann in Gi. U. Heft 9 (1880) S. 43 u. a.

plebio = plebium: Verantwortung, Haftung; bestrittenen Ursprungs; Bo. (No. 28) übersetzt munere, officio, Pflicht. Am wahrscheinlichsten ist die Ableitung von (altd.) altsächs. plegan versprechen, verbürgen, einstehen wofür (goth. plaihvan, altnfr. plehan), welchem ein provenç. altfr. plevir mit derselben Bedeutung entspricht, vielleicht auch das englische pledge, Pfand, entsprang, Kö. No. 6195, Kluge, Etymol. WB. (1894) S. 284. Der Sinn ist demnach: der Amtmann mufs für die Qualität der Lieferung einstehen, haften, und ebenso nach c. 42 für das Vorhandensein der Eisengeräthe. Genau dieselbe Bedeutung hat plebium im Pactus pro tenore pacis Child. u. Chloth. c. 11, Bo. S. 6. Verantwortlichkeit (mit Sicherstellung hierfür) seitens eines Klägers für den Ersatz des gefolterten fremden Leibeigenen s. l. sal. XL, 4, Br. II, 413, Anm. 75.

nitide s. auch c. 34, 41, 48, glänzend, blank, reinlich, — nett (Kö. 5620).

annona = Korn, s. Gu. J. II, S 200, St. Gallen Glosse Hattemer S. 296, c. 62.

pastos = pastum = convivium, refectio, altfr. past, franz. repas, Mahlzeiten Bo. No. 29; Th. 248, Pe. 183, No. 10; Du. Ca. VI, 206.

unusquisque habeat II de annona pastos per singulos dies ad suum servitium ad mensam nostram quando servierit; et reliqua dispensa similiter in omnibus bona sit, tam farina quam et peculium.

25. De pastione autem Kal. Septemb. indicare faciant, si fuerit an non.

26. Maiores vero amplius in ministerio non habeant nisi quantum in una die circumire aut praevidere potuerint.

27. Casae nostrae indesinenter foca et wactas habeant, ita ut salvae sint. Et quando missi vel legatio ad palatium veniunt vel redeunt, nullo modo in curtes dominicas mansionaticas prendant, nisi specialiter iussio nostra aut reginae fuerit. Et comes de suo

---

c. 24. Z. 4: Nach habeat stehen in der Handschrift zwei *J* oder zwei *l* (die als iudicum oder illorum, wahrscheinlich aber als eine Zwei zu deuten sind) und ein Punkt.
c. 26. Z. 1—2: beant — una ist übergeschrieben.

---

quando servierit s. oben Einl. S. 16 (Hofdienst).

dispensa, Ausgabe, Kosten, dépense, altfranz. despoise, Speise, Gut, Nahrung (Bo. No. 30), span. despensa, Speisekammer (Kö. No. 2619, 2620); davon: dispensator, ein Unterbeamter des Schatzmeisters s. Br. I, 101, ein iunior camerarii nach Hi. c. 17, S. 15, Z. 16; Waitz, Verf.G. III, 2, S. 502, Anm., 508; dispensa missorum s. C. 819, c. 29, Pe. I, 217, Bo. No. 141, S. 291.

farina vgl. c. 34, 45, 64: Ga. S. 230, Anm. 4.

peculium Fleisch, la viande (Gu. C. 298).

25. *pastione* „porcorum in silvis pascio; cfr. Chloth. II edictum 614, c. 23", Bo. No. 31. Schweinemast u. den dafür zu entrichtenden Zehent s. c. 36 und Schw. I, 48, 49. Vgl. c. 36. Registrum prumense (v. J. 893 Schw. I, 45) S. 150. Saginatio s. Anm. zu c. 35.

26. *maiores* s. c. 10 Anm. u. Einl. S. 13.

ministerio s. c. 8 Anm.

27. *Casae* — salvae vgl. c. 46, C. Aquisgr. 813, c. 19, Bo. 172; Ga. S. 231, 237.

foca = fuoco, feu, Feuer C. Du. Ca. III, 533 zu diesem Kapitel, l. alam. LXXVI, 1; hier doch wohl: Feuerstellen, Herde; foci ingenuiles s. Gu. J. II, S. 149.

wacta s. c. 16, Bo. No. 32: vigiles, Wachen, hier aber vielleicht: Wachtthürme wie auf der Abbildung im Utrechter Psalter an den Ecken der den Weinberg umziehenden Mauer, s. F. F. Leitschuh, Geschichte der karolingischen Malerei Berlin 1894. S. 323.

missi Br. II, § 85, Schu. § 49, Schr. S. 133. Königsboten, „Waltboten" s. E. Lagenpusch, „Das german. R. im Heliand" im Gi. U. Heft 46, 1894, S. 8, 12.

mansionaticas prendant s. oben c. 11 mit Anm.

iussio. Ueber die Tractoria (Geleitsbrief od. dgl.) eines kgl. missus s. Ansegis C. lib. IV, c. 28; Bo. S. 441; Br. II, 230 ff., Schr. S. 192, 197.

reginae s. Anm. zu c. 16 (vgl. auch c. 47, 58), Verwaltungsrecht der Königin, Ga. S 213, 214.

comes, im Allg. Hi. c 10, 16, 19, 21, 23, 33, 35; Br. § 81; Schu. S. 113 ff.; Schr. S. 111 ff., 124 ff.; Stellung zur Landgüterverwaltung Sohm, Fränk. Reichs- u. Ger.-Verf I, S. 16 und -- m. E. richtig — Br. II, S. 124 u. Schr. S. 193 ff.

ministerio von Amts wegen; Th. in seinem Gau.

ministerio vel homines illi qui antiquitus consueti fuerunt missos aut legationes soniare, ita et modo inantea et de parveridis et omnia eius necessaria solito more soniare faciant, qualiter bene et honorifice ad palatium venire vel redire possint.

28. Volumus ut per annos singulos intra quadragesima, dominica in palmis, quae osanna dicitur, iuxta ordinationem nostram argentum de nostro laboratu, postquam cognoverimus de praesenti anno quantum sit nostra laboratio, deferre studeant.

29. De clamatoribus ex hominibus nostris unusquisque iudex praevideat, ut non sit eis necesse venire ad nos proclamare et dies quos servire debet per neglegentiam non dimittat perdere. Et si habuerit servus noster forinsecus iustitias ad querendum, magister eius cum omni intentione decertet pro eius iustitia; et si aliquo loco minime eam accipere valuerit, tamen ipso servo nostro pro hoc fatigare non permittat, sed magister eius per semetipsum aut suum missum hoc nobis notum facere studeat.

---

c. 27. Z. 7: in *solito* ist *i* aus *o* verbessert.
c. 29. Z. 4: in *querendum* ist das erste *e* von späterer Hand mit frischerer Tinte deutlich in *i* umgeändert (wohl roman.).

---

homines, Bo. S. 85, N. 34: agentes publici, cfr. Marculfi form. I, 11, cfr. etiam C. d. exercit. prom. 808, c. 7 (Bo. S. 138); Br. II, S. 232 zu Anm. 37: vielleicht bildet diese Pflicht die Gegenleistung für ein vom Fiscus erworbenes Leihegut.

soniare besorgen, curare Pe. I, S. 183, N. 11; Bo. S. 85, N. 35, frz. soigner (vgl. besoin. it. besogna, bisogna, Di. 297; Kö. 7617). Ueber die evectio und humanitas s Br. II, 230 ff.; die humanitas (dispensa) missorum s. C. miss. 819, c. 29; Bo. S. 291.

inantea, ital. inanzi, vorher (Kö. 4152); Bu. II, 232.

paraveredi, Beipferde, chevaux de conduite, Gu. C. S. 217; Gu. J. I, §§ 424 ff.; Br. II, 230, ebenda bis S. 233 über das karolingisch-fränkische Postwesen (vgl. brev. exempl. c. 8; equitat, parafredum donat), über das westgothische Postwesen s. F. Dahn, Könige d. Germ. Bd. VI, S. 291, 292.

28. *quadragesima* die (40tägige) Fastenzeit, ital. quaresima, frz. carême. Di. 260; Kö. No. 6517, vgl. c. 44, 59. Gu. C. S. 245.

dom. in palmis, Palmsonntag, Sonntag vor Ostern.

Osanna, Hosanna nach Matth. 21, 9; Ps. 117, 26; Marc. 11, 10; Luc. 19, 38.

Ueber Buchführung und Rechnungswesen s. oben Einl. S. 15, 16.

29. *clamatoribus*, Kläger höherer Instanz, Reklamant, vgl. C. miss. in Theod. villa c. 8; Bo. S. 123 bis 124; Anseg. C. lib. III, c. 7 (Bo. S. 426) c. 59; (Bo. S. 431). Vgl. Lafs in Gi. U. No. 39 (1891) S. 18 insbes. Anm. 4. Ueber das Reklamationsrecht s. c. 16. Anm. sententiam u. insbes. Br. II, S. 50. 138; Th. S. 249; Ga. S. 246, 247; vgl. c. 45, 57, 63. Ueber das Verhältnifs zu c. 29 u. c. 57 s. die Anm. zu letzterem.

magister (s. unten c. 57), ist der Vorgesetzte eines einzelnen Arbeits- oder Geschäftszweiges innerhalb der Familie, Werkmeister, Meister des Handwerks u. s. w.; beginnende Organisation des Handwerks s. Ga. S. 346 bis 347 u. Einl. oben S. 8, aber auch anderer Dienstzweige, z. B. pastorum magister, Pe. SS. II, 85.

missus, altf. mes (Kö. 5348) Bote, hier überhaupt Vertreter; vgl. Da. K. VII, 2, S. 248–251.

30. Volumus unde servire debent ad opus nostrum, ex omni conlaboratu eorum servitium segregare faciant; et unde carra in hostem caregare debent similiter segregent tam per domos quam et per pastores, et sciant quantum ad hoc mittunt.

31. Ut hoc quod ad provendarios vel genicias dare debent modo unoquoque anno separare faciant et tempore oportuno simili pleniter donent et nobis dicere sciant, qualiter inde faciunt vel unde exit.

32. Ut unusquisque iudex praevideat, quomodo sementem bonum et optimum semper de conparatu vel aliunde habeat.

---

c. 30. Z. 2: conlaboratu — segregare ist übergeschrieben. Z. 3: in caregare ist ist das erste *e* von späterer Hand mit frischerer Tinte in *i* umgeändert (wohl rom.). Z. 4: mittunt ist untergeschrieben.

c. 32. Z. 2: bonum — conpara ist übergeschrieben.

---

30. *opus nostrum*, s. c. 1 Anm.

conlaboratu, s. c. 20 (fructa), c. 6 conlab. u. die dort cit. cc.

segregare, getrennte Rechnung führen, wie Bo. S. 85, N. 38 sagt: ut de diversis servitiorum et reddituum generibus tam ad palatia quam ad hostem praestandorum rationes separatae fiant. Siehe auch oben Einl. S. 15, 16.

carra, s. c. 64 u. carruca c. 23.

hostem, Feldzug, ahd. heriverti; vgl. l. baiuv. II, 4. Ueber die Kriegsausrüstung u. dgl. s. auch die Anm. zu c. 13 (praevid.), 16 (exercit.), 42, 64, 68.

carigare = carricare (C. ad l. sal VI, 6, Behrend S. 111), carcare = charger, beladen, Bo. No. 37; Th. 249.

pastores, vgl. Ga. S. 242 Anm.

31. *provendarii:* „qui terram non habent sed victum (= praebenda, Pröve) ex opere dominico recipiunt, Bo. S. 86, N. 39, = deputati, vgl. c. 17, 50; Ga. S. 221, 246.

genicia, genetia, *γυναικεῖα*, = Frauengemach, Frauenkemenate, das „Frauenzimmer", insbesondere die Arbeitsräume der Frauen: eo quod ibi conventus feminarum ad opus laneficii exercendum convenit, Isidor Hisp. Etymol. XV, 6, 3. Arbeiten in den Genetien s. z. B. Exempl. v. Asnap. camisias Bo. S. 253; camsilas u. sarciles Gu. J. II, 150, 244. Lieferungen an die G. s. c. 43 u. C. Aquisgr. 813, c. 19; Bo. 172. Ueber die G. s. Du. Ca. s. v. gynaeceum, IV, 144 ff., u. die dort angegeb. Quellen, Ga. S. 213 u. 246, Ziff. 6; vergl. ferner Böcking, Notitia dignitat. I, p. 253, II, p. 48, 49, 50, 53; Cod. Theod. X, 20, 3, 5 u. 14; Cod. Just. XI, 7, cc. 2, 3, 5, 13, IX, 27, c. 5, XI, 9, c. 1, XII, 39, c. 4. — L. Alam. LXXV, 2, 3; L. sal. edd. Merkel tit. 75, § 5. Die innere Einrichtung der Genetien s. Ma. I, S. 115, 135 ff. u. die dort angegeb. Quellen; s. auch c. 3, 49 unten. Ueber die Zucht in den G. s. die von Ga. S. 213 angegeb. Quellen, insbes. C. de ministerialibus palatinis, C. ad leg. alam. 80, c. 42 s. K. Lehmann in Mon. Germ. LL. V, 1 (1888) p. 139, 140.

dare debent, s. c. 43.

qualiter — exit: was sie davon (inde = frz. en, Kö. No. 4207, vgl. c 50) machen (z. B. camisilas — Bo. 252 — aus linum n. lana — c. 43 —) und woher (unde) es kommt (= woher das Rohmaterial ist, s. c. 30, 55, 62, 63). — And. Ant. s. Th. S. 250.

32. *conparatu* = „emtum" Bo. N. 41; = kaufen, oben c. 8.

vel steigernd, „und zwar" wie c. 7 (s. o.) oder = id est wie Du. Ca. VIII, 262.

aliunde, Ga. S. 241.

33. Post ista omnia segregata et seminata atque peracta, quicquid reliquum fuerit exinde de omni conlaboratu usque ad verbum nostrum salvetur, quatenus secundum iussionem nostram aut venundetur aut reservetur.

34. Omnino praevidendum est cum omni diligentia, ut quicquid manibus laboraverint aut fecerint, id est lardum, siccamen, sulcia, niusaltus, vinum, acetum, moratum, vinum coctum, garum,

---

c. 33. Z. 2: quicquid — exinde ist übergeschrieben; de ist von späterer Hand ergänzt. Z. 4: re ist erst vor servetur von späterer Hand übergeschrieben.
c. 34. Z. 1—2: gentia — manibus ist übergeschrieben.

---

33. *ista omnia*, quae dicuntur capp. 30—32, Bo. S. 86, N. 42, s. oben Einl. S. 15 ff.
exinde, s. c. 8.

34. *lardum* roman. v. lat. laridus, frz. lard (Kö. 4685, Speck), de lardo: baccones (Schinken s. C. Aquisgr. c. 10; Bo. S. 171), minutia (Würste), uncti oder exungia (Speckseiten) s. Brev. exempl. Asnap. c. 25, 30 (Bo. S. 254, 255); Staphins. c. 7; Bo. 252; Ga. 231 Anm. (Ableitung von lares! bei Isid. Etymol.. XX, 2).
siccamen, Getrocknetes wie ital. prosciutto Di. 312: caro fumo siccata, Rauchfleisch u. Schinken Pe. I, S. 183, N. 13; Bo. N. 44; Th. S. 250.
sulcia Sülze oder — sulcitia — Würste Pe. N. 14; nach Bo. N. 45 ist Beides fraglich, s. aber Di. S. 401; Kö. 7940.
niusaltus = caro recens sale condita Pe. N. 15; caro recens (neu) salita, Pökelfleisch Bo. N. 46. — Du. Ca. V, 594. Vgl. c. 66.
vinum s. auch c. 41, 49 u. a.
acetum, Essig s. c. 62.
moratum „vin de mûres", Maulbeerwein Bo. N. 47; Kö. 5426, s. auch unten c. 62; Bo. S. 89, N. 96 u. c. 70; Bo. S. 91, N. 86. Interessant ist das gleichzeitige Recept, auf welches Boretius aufmerksam macht: Cod. Paris. Suppl. lat. 1319 fol. 229 (saec. IX): „Morato quomodo facias: ius morae campestris modia 4, mel modium 1, commiscis, recondis in vas pigato (ausgepichtes Fafs) et si volueris mittes cenamo (vielleicht ciminum Kümmel, s. c. 70, No. 12) gariofile (Da. M. S. 368, Anm. 2: „unbekanntes Gewürz", — es ist aber m. E. ganz unzweifelhaft die Gewürznelke girofle (Kö. 1699) — caryophyllus aromaticus — wie aus der von Fi.-Be. S. 188—190 (N. 35) mitgetheilten glossa theodisca sec. IX und aus der „Physica" der h. Hildegarde (ebenda S. 202, 207) hervorgeht; s. auch Du. Ca. IV, S 38) costum (s. unter c. 70, No. 4 u. Da. M. S. 368) et spicanardi (Narde, Bergbaldrian, Weigand II, 199) tantum."
vinum coctum gekochten Wein = Würzwein, mit Honig, Nelken u. A. versetzt und an der Sonne oder am Feuer gekocht und geklärt. Vin cuit, Du. Ca. VIII, 343.
garum = potionis genus fermentatum Pe. 185, N. 17; garum est liquor piscium salsus, qui olim conficiebatur ex pisce, quem Graeci *γάρον* vocabant, Isid. Etymol. XX, 3; Bo. 86, N. 48. Vgl. Eberl, Fischkonserven der Alten (Programm des alten Gymnasiums zu Regensburg 1892), nach Dahn (Da. M. S 368) in fränkischer Zeit aber nicht mehr Fischbrühe, sondern ein unbekanntes Gewürz Du. Ca. IV, S. 38), wogegen freilich gerade die Zusammenstellung der Hauswirthschaftsprodukte in c. 34 zu sprechen scheint; vielleicht marinirte Fische, Fischgelée, mustum, mostarda, mustaticum (Gu. J. II, 228) u. dgl. Du. Ca. V, 550, vgl. piscatum c. 44; Erler: gegohrenes Getränk, Th.: Gährwein.

sinape, formaticum, butirum, bracios, cervisas, medum, mel, ceram, farinam, omnia cum summo nitore sint facta vel parata.

35. Volumus ut de berbicibus crassis soccia fiat sicut et de porcis; et insuper habeant boves saginatos in unaquaque villa non minus quam duos aut ibidem ad socciandum aut ad nos deducendum.

36. Ut silvae vel forestes nostrae bene sint custoditae; et ubi locus fuerit ad stirpandum, stirpare faciant, et campos de

---

c. 35. Z. 1—2: fiat — habeant ist übergeschrieben; in soccia u. (Z. 3) socciandum ist jedesmal das erste *c* von späterer Hand übergeschrieben, die Handschrift hatte ursprünglich socia und sociandum. Z. 4: cendum ist umgebrochen untergeschrieben.

Ein Recept zur Herstellung des garum theilt Gu. C. S. 233 aus dem oben erwähnten Pariser Codex Suppl. 1319 mit.

sinape Senf, vgl. c. 70, No. 39, u. c. 44. Vict. Hehn, Kulturpflanzen S. 186 ff.; Fi.-Be. S. 108, 183, 211.

formaticum von forma, Formgebäck, it. formaggio, frz. fromage, Di. 145; Kö. 3398; Käse Bo. No. 49, s. auch c. 44; Hehn a. a. O., S. 140 ff. Vgl. brev. exempl. Bo. 252, 254.

butirum = Butter (ahd. ancsmero, erst kurz vor dem C. d. villis den Franken bekannt geworden, s. Martiny, Kirne und Girbe, Berlin 1894) s. brev. exempl. c. 7, als Zins c. 25, Bo. 252, 254, s. unter c. 44.

bracios = brace Malz Di. 532 (Plinius 18, 62); Bo. Anm. 50, vgl. c. 45, 61: brev. exempl. c. 7; Pe. III, S. 450–451; Bo. 252; Gu. J. I, S. 710 ff., II, 76 u. 324 ff.; bratsatores s. Gu. J. II, S. 334; bratsatorium, ebenda S. 403; Du. Ca. I, 728, 729, vgl. siceratores c. 45, 61; über das Gerstenbier s. Hehn a. a. O., S. 129—131, 417.

cervisas „a Cerere id est fruge vocata. Est enim potio ex seminibus frumenti vario modo confecta." Isid. Etymol. XX, c. 3; Gu. J. II, S. 308—310, 333, 405, vgl. c. 45, 61.

medum Meth, „Urgetränk der Germanen" (Hehn S. 136) = sicera (s. c. 45 siceratores s. Anm. hierzu), altkelt. medu s. Fick-Bezzenberger-Stokes, Vergleichendes W.B. der Indogerman. Sprachen, 4. Aufl. II, S. 207.

mel Honig, vgl. c. 44; über Bienenzucht s. c. 17, 57, Ga. S. 231 (Aquisgr. a. a. O.; brev. exempl. c. 7—c. 25; Bo. 252, 254).

cera Wachs, s. vorige Anm. Gu. J. II, 126. 149, 207. Cerarii C. Herist. 779, c. 15; Bo. S. 50 und Br. I, 244 mit dem aus Gregor v. Tours Hist. Franc. X, 9 entnommenen Nachtrag II, S. X.

farina s. c. 18, 24, 64; C Aquisgr. 813, c. 10; Bo. 171. *nitor* s. c. 24, 41, 48 Kö. 5620.

35. *soccia* „Fett, Talg, frz. graisse" Bo. N. 53. „Adeps saginando parata, Schmeer" Pe. 183, N. 18; Du. Ca. VII, 504.

porcis, s. die Anm. zu c. 23, porcarit; vgl. C. Aquisgr. 813, c. 19; Ga. 231.

saginare mästen Du. Ca. VII, 266, 504; Kö. No. 7080, vgl. c. 36, auch 25; ad socciandum zur Gewinnung von Fett, Talg, Schmeer.

36. *forestes*, Ursprung und älteste Bedeutung des Wortes foresta oder forestis, Forst, ist bestritten, entw. v. lat. foris oder ahd. foraha oder anders s. Schade WB. I, 215; Schw. I, 56, 57 Lit. s. Anm. 8 ebenda; Br. II, 75, Anm. 48.

custoditae, der in c 36 angeordnete Forst- und Jagdschutz ist bereits vorher wiederholt aufgetragen, s. C. miss. 802, c. 39 (Bo. 98) und auch durch das C. Aquisgr. 813.

silva increscere non permittant: et ubi silvae debent esse, non eas permittant nimis capulare atque damnare; et feramina nostra intra forestes bene custodiant; similiter acceptores et spervarios ad nostrum profectum praevideant; et censa nostra exinde diligenter exactent. Et iudices, si eorum porcos ad saginandum in silvam nostram miserint vel maiores nostri aut homines eorum, ipsi primi illam decimam donent ad exemplum bonum proferendum, qualiter in postmodum ceteri homines illorum decimam pleniter persolvent.

37. Ut campos et culturas nostras benc conponant et prata nostra ad tempus custodiant.

---

c. 37. Z. 1—2: ponant — tempus ist übergeschrieben.

---

c. 18 (Bo. 172) besonders eingeschärft. Ansegis, Cap. lib. IV, c. 40, c. 63; Bo. S. 442, 444. Verbot des Wilderns s. Cap. miss. gen. 802, c. 39; Bo. S. 98; Pe. I, S. 91; Br. II, 491. Verbot des Schlingenlegens (pedicas, Kö. No. 5989) Pipp. Cap. ital. 801–810, c. 17; Bo. S. 211; Pe. I, 103; Br. II, § 117, Anm. 16, 17; Schw. I. S. 77 ff., 89 u. a. Ueber Forstschutz s. auch c. 11; die ummauerten oder umzäunten Wildbahnen u. Brühle s. c. 46, besondere waidmännische u. ähnliche Specialaufträge s. c. 47.

stirpandum: Rodungs- u. Ackerbaugebot, s. auch c. 37 u. C. Aquisgr. 813, c. 19 (Bo. 172), welches auch den Befehl, die Felder zu düngen, beifügt; die Arten und Bezeichnungen der Rodung s. Schw. I, 38 ff.

nostrae silvae = gahagium regis Ed. Rothar. 320; Pe. III, 73. Vgl. zu c. 36 Schw. I, 57 nebst Anmerk. 12—14. Ueber den Rechtsgrund der Inforestirung s. einerseits Schr. S. 191 (Bodenregal), andererseits Eichhorn, v. Jnama-Sternegg, Brunner, Schwappach u. A., Schw. I, 59 ff.; Br. II, S. 38, 75.

debent esse Schutzwälder, aus verschiedenen Gründen, Bannwälder.

permittant, vgl. c. 37; capulare = caedere, behauen Du. Ca. II, 149, l. sal. 29, 30.

feramina vgl. C. Aquisgr. 813, c. 18; Bo. 172. Wildbahn u. Wildbann, s. auch unter c. 46, 62 u. C. leg. sal. add. 6, 3, § 3; Behrend S. 110. Vgl. Du. Ca. (Warenna) VIII, S. 408.

acceptores Falken, spervarii Sperber, ahd. sparwâri, frz. epervier Kö. 7647; vgl. Ed. Rothar 317, 320, 321; Pe. LL. III, 73, 74, l. sal. VII, 1–3, l. baiuv. XX, 1–4, l burgund. 98. Ueber die gebräuchlichen zwei Arten von Beizvögeln s. Schw. I, 67, 68; Falkenjagd s. Hehn a. a. O., 327 ff.; aucellatores s. c. 45.

profectum ital. profitto, davon Profit, Nutzen Kö. 6396; Weigand WB. II, 396.

censa, Zinse, s. oben c. 8 Anm., Waldzinse s. Br. II, 75.

decimam porcorum in silvas dominicas, s. Chloth. II praeceptio c. 11, Chloth. II edictum 614 c. 23; Bo. S. 19, N. 54; Br. II, 75; saginatio s. c. 35, auch 25; Du. Ca. VII, 266.

37. *culturas* = Kulturen Th. S. 250, Rodungen, Pflanzungen (Erler II, S. 66).

conponant, bestellen, s. c. 19 C. Aquisgr. 813; Ga. S. 232.

ad tempus s. c. 14, 43.

custodiant, Bewachen der Wiesen, um Weidevieh und Wild abzuhalten, vgl. l. Wisigot. VIII, 3, 12, l. Langobard. I, 27; Th. S. 250.

38. Ut aucas pastas et pullos pastos ad opus nostrum semper, quando servire debent aut ad nos transmittere, sufficienter habeant.

39. Volumus ut pullos et ova quos servientes vel mansuarii reddunt per singulos annos recipere debeant; et quando non servierint, ipsos venundare faciant.

40. Ut unusquisque iudex per villas nostras singulares et lehas, pavones, fasianos, enecas, columbas, perdices, turtures, pro dignitatis causa omnimodis semper habeant.

---

c. 38. Z. 1—2: opus — servire ist übergeschrieben.

c. 40. Z. 1—2: res — fasianos ist übergeschrieben; in et lehas ist für et die Ligatur (&) gebraucht.

---

38. *aucas*, *pullos*, s. c. 18 (u. Anm. zu 13) u. C. Aquisgr. c. 19; Ga. S. 231.

pastos gemästete.

opus nostr. s. c. 1.

aut „oder auch sonst“ Th. 250.

39. *Volumus* ut etc: Die Amtmänner sollen den Ertrag der Eier- oder Hühnerzinsen, welche von den in einem persönlichen Dienstverhältnifs zum Fiskus stehenden (servientes), sowie von den Grundholden (Zinsgutbauern, Colonen) zu leisten sind, zu Hofe liefern oder verkaufen.

servientes, altfr. serjantes, frz. sergents, Diener, Dienstmannen, später Gerichtsdiener Gu. C. 301, Di. 292, 293.

mansuarii, manentes Br. § 30, I, 232; Schr. § 29, wie noch heute genuesisch: Ackersmann Di. 633, s. unten c. 67, Bauern, Hintersassen, Inhaber eines mansus vestitus s. c. 67, Censa s. c. 8, 3, 62.

40. *singulares et lehas* wird auf verschiedene Weise erklärt: Bo. S. 86, No. 55: „verbum aut corruptum aut ignotum. Gu. C. 238 ff., 301 schlägt die Textänderung alites (Geflügel, Vögel) statt etlehas vor und übersetzt „des oiseaux singuliers“. Th. schliefst sich Gu. C. an und übersetzt singul. etl. „besonderliches Geflügel“ Th. S. 251); Ant. liest etle henas und übersetzt: „edle Hühner“; nach einer von Bo. a. a O. erwähnten Meinung ist etlehas eine deutsche, singulares übersetzende Glosse: „etliche“, so auch nach Schw. I, 65, Anm. 5. Refs a. a. O. behauptet, es gebe ein „altgermanisches Wort“ etheleсha, welches „Schwan“ bedeute (unbekannt); Du. Ca. trennt, was die Handschrift gestattet, et und lehas und deutet letzteres als leha = die wilde Sau (III, 326, V, 57, 63). Diese Ansicht wird durch die Möglichkeit, singulares als Eber zu erklären, unterstützt, und wäre an dieser Stelle — von pavones an — nicht ausschliefslich von Geflügel — Hofgeflügel wohl — die Rede, so läge am nächsten: singularis = frz. sanglier, Eber zu deuten (Kö. No. 7486) wie in Verbindung mit aper s. Anm. 52, Pe. LL. IV, S. 80—81 zu Ed. Roth. 351 de verre, sonorpair, et von lehas zu trennen und letzteres als Wildsau zu erklären; leha, mhd. liehe, vielleicht das gleichbedeutende frz. laie Di. 623, Kö. 4794 oder lechon, span. = Schwein, von leche, lac = Milch, Di. 462; Du. Ca. a. a. O.

pavones Pfauen, vgl. brev. exempl. Asnap. c. 25 a. E. (Bo. 254) und Hehn S. 307, 314, der auf Freidank 43 verweist.

fasianos Fasanen, Phasianus, frz. faisan Hehn a. a. O. 319 ff.

enecas soll wohl enetas oder anates heifsen, cfr. l. alam. pactus frag. V, c. 8 edd. K. Lehmann (1888) S. 30; Schade Altd. WB. S. 23 (anut); das exemplum v. Asnap. (s. oben Einleitung S. 11, 12) zählt

41. Ut aedificia intra curtes nostras vel sepes in circuitu bene sint custoditae, et stabula vel coquinae, atque pistrina, seu torcularia, studiose praeparata fiant, quatenus ibidem condigne ministeriales nostri officia eorum bene nitide peragere possint.

42. Ut unaquaeque villa intra cameram lectaria, culcitas, plumatias, batlinias, drappos, ad discum, bancales, vasa aerea, plumbea, ferrea, lignea, andedos, catenas, cramaculos, dolaturas,

c. 41. Z. 2: sint — stabu ist übergeschrieben.
c. 42. Z. 2: plumatias, das zweite *a* ist von späterer Hand in *o* umgeändert.

anantes c. 26 auf, s. Bo. S. 253; anas s. Gu. J. II, S. 405, aneda in Hdschr. d. l. sal. 7, 4; Kö. No. 539.

perdices Feld-, Rebhühner (bei den Römern Hausvogel, Hehn S. 326), l. sal. VII, 2; Kö. 6038; Di. 241.

pro dignitatis causa Th. S. 251: um der Zierde willen, um des Staatmachens willen, wegen des Ansehens u. dgl. Es ist kaum an ein Verbot des Essens zu denken, wie solches nach Hehn a. a. O. S. 326 allerdings hinsichtlich einiger Thiere bestand.

41. *aedificia* intra curtes s. Ma. I, S. 112 ff. Beschreibung der Bestandtheile einer curtis s. brev. exempl. Asnap. c. 25; Bo. 254.

sepes (vgl. auch c. 27, 49) Umzäunung = tuninum, hoverzun, langobard. idertzon u. s. w., baiuv. ezzisegun; Arten und Schutz derselben s. Ed. Roth. 285—287; Pe. LL. IV, p. 68 ff., l. sal. XVI, 2, l. baiuv. (Text I) X, 16, 17; Pe. LL. III, p. 309; Ma. I, 116, 122. In Asnapium (s. oben Einl. S. 11), c. 25—28: solariis totam casam circumdatam u. s. w. Be. S. 254 ff. Einen umgebenden Graben erwähnt Ed. Roth. 305; Pe. LL. IV, 71.

custoditae. Das Eindringen in fremde Gehöfte ist ein in den Volksrechten besonders hervorgehobenes Delikt, vgl. Heimsuchung, herireita l. baiuv. IV, 23, 24; v. Liszt, Strafrecht § 119; curtis ruptura Ed. Rothar. 380 (hoberos); Br. I, S. 198 Heimfriede Br. II, 582; efractura l. sal. Tit. XI, Tit. XXVII, c. 23 (Behrend S. 15, 16, 34).

coquina Küche.

pistrina (von pinso zerstampfen) klass.: Stampfmühle, mittelalt. Bäckerei, Backofen.

torcularia (auch c. 48) frz. treuil (Kö. 8242, 8243) Keltern, Kelterpresse, Torkel.

praeparatae: Ueber Ansegis Autorschaft und Bautalent s. Ga. S. 237.

quatenus — possint: auf dafs unsere Bediensteten u. s. w., c. 24, 34, auch 31. Anm. genic.

nitide s. c. 34 nitor.

42. *cameram*, vgl. brev. exempl. c. 30 Bo. 255 u. a.

lectaria Bettdecken.

culcit Matratzen (Kö. 2313). s. brev. exempl. c. 7; Bo. 251. St. Gall. = fedarbetti.

plumat. Federkissen, plumeaux (Kö. 6230) s. brev. exempl. c. 7; Bo. 251.

batlin. Bettleinen Pe. S. 184 N. 21; Bo. 251, N. 58.

drappos ad discum Tischtücher s. brev. ex. c. 25; Bo. 254; Gu. J. II, 121.

bancales Bankpfühle Bo. 256, Anm 67; brev. ex. c. 36.

vasa aerea z. B. baccinum = Becken Bo. S. 255, Anm. 63.

caldaria aerea s. ebenda Bo. S. 252 (Stapl). calderas s. ebenda Bo. S. 254, Anm. 47 (Asnap.), Kessel.

andedos Feuerbock (chenet Bo. N. 59; Kö. 1538, 1568) = andena St. Galler Gloss. = prantreita.

catenas Ketten, z. B. die pastoria d. Ed. Rothar. 297 (Pe. LL. IV, S. 70) und der l. baiuv. (Text I) II, 6; Pe. LL. III, 285.

secures id est cuniadas, terebros id est taradros, scalpros vel omnia utensilia ibidem habeant, ita ut non sit necesse aliubi hoc quarere aut commodare. Et ferramenta, quod in hostem ducunt, in eorum habeant plebio qualiter bona sint et iterum quando revertuntur in camera mittantur.

43. Ad genicia nostra, sicut institutum est, opera ad tempus dare faciant, id est linum, lanam, waisdo, vermiculo, warentia, pectinos laninas, cardones, saponem, unctum, vascula vel reliqua minutia quae ibidem necessaria sunt.

---

c. 42. Z. 6: die letzte Silbe *re* in querere (sic) ist von späterer Hand beigefügt.
c. 43. Z. 2: dare faciant ist übergeschrieben; uuais do; uuarentia.

---

cramaculos Kesselhacken (Bo. N. 60), niederl. vgl. Kö. No. 4568. St. Galler Gl. = haal; brev. exempl. c. 7; Bo. 252, N. 22.

dolaturas (v. dolare, glätten, s. l. sal. 27, 17) = dolatorias C. Aquisgr. 813, c. 10; Bo. 171) = dolabra, doloire d. i Schneidemesser, früher Streitaxt mit kurzem Stil, wie im St. Galler Gloss. S 309: dolatoria = parta, Barte, dann Zimmermannswerkzeug, Hobeleisen Bo. S. 87, N. 61; dagegen Bo. S. 252, N. 25: Beile; Pe. I, S. 184, N. 22: Barte.

secures id est *cuniades* (s. oben Anm. zu c. 13) = frz. cognée Kö. No. 2333; Bo. N. 62, Spitzhaue; Pe. 184, N. 23. Vgl. brev. ex. Asnap.: asciam Bo. S. 254, Anm. 51.

terebros id est *taradros* (s. oben Anm. zu c. 13) = frz. tarière Kö. No. 8116, 8140, Bohrer, Nabeger, vgl. Ga. S. 231, Anm. 5.

scalpros d. i. nicht Schabeisen, wie Bo. N. 64 zu meinen scheint, sondern Schnitzmesser, auf der Schnitzbank zu gebrauchen; die im brev. exempl. c. 30 (Bo. S. 255) darüber geschriebene Glosse: „bursa" bezieht sich wohl auf das hier und dort (C. de vill. c. 42 u. bezw. brev. ex. c. 30) unmittelbar vorhergehende Wort terebros und soll vielleicht bora (Bohrer u. dgl. s. Schade I, S. 79) heifsen.

utensilia wie z. B. calami in brev. exempl. c. 6; Bo. p. 251; Pe. I, 176, falces falciculas ebenda c. 25, faldonem, Fauteuil ebenda c. 6.

ferramenta: als solche zählt das St. Galler Gloss. (Hatt. S. 309) z. B. auf: prunna, helm, peinperga, suert, sahs, mazsahs, sper, strala, chochar. Vgl. C. Aquisgr. 813, c. 9; Bo. 171, auch unter c. 64 i. f.

hostem s. Anm. zu c. 30, 64, 68 C. Aquisgr. c. 9, 17.

plebio, goth. pl[illegible]., altfrz. plevir s. oben Anm. zu c. 24.

43. *genicia* s. c. 31.

ad tempus s. c. 14.

waisdo = Waid (Farbholz), frz. guède Kö. No. 3688, 8844; Bo. S. 87, N. 67; Pe. I, S. 184, N. 24.

vermiculo frz. vermeil Scharlach-Würmchen Di. 339; Ant. lana rubra Pe. N. 25; tinctura quaedam rubra Bo. N. 68.

warentia (s. auch c. 70, No. 65), frz. garance, wörtl. echt, echte Farbe, dann Krapp, Di. 593; Pe. I, S. 184, N. 26; herba quaedam rubra Bo. N. 69 (analog ἀληθινόν).

pectinos laninas frz. Carde, Karde, Weberdistel, Wollkamm genannt, s. Weigand I, 897.

cardones (auch c. 70, No. 66) lat. carduus, frz. chardon, Kardendistel, wilde od. grofse Distel, wie die vorige zum Wollkratzen (sog. Kardätschen, scardassare) dienlich. Weigand a. a. O.; Di. 88, 89.

saponem (c. 62) wie siu Seife, vgl. Dahn, Urgesch. III, 7; Hehn S. 104; brev. exempl. c. 7, Bo. S. 252; saponarius c. 45.

unctum Fett (c. 62).

44. De quadragesimale duae partes ad servitium nostrum veniant per singulos annos, tam de leguminibus quamque et de piscato, seu formatico, butirum, mel, sinape, aceto, milio, panicio, herbulas siccas vel virides, radices, napos insuper, et ceram vel saponem atque cetera minutia; et quo reliquum fuerit nobis per brevem, sicut supra diximus, innotescant et nullatenus hoc permittant, sicut usque nunc fecerunt, quia per illas duas partes volumus cognoscere de illa tertia quae remansit.

45. Ut unusquisque iudex in suo ministerio bonos habeat artifices, id est fabros ferrarios et aurifices vel argentarios, sutores, tornatores, carpentarios, scutarios, piscatores, aucipites id est aucellatores, saponarios, siceratores, id est qui cerevisam vel pomatium sive piratium vel aliud quodcunque liquamen ad bibendum aptum fuerit facere sciant, pistores qui similam ad opus nostrum faciant, retiatores qui retia facere bene sciant, tam ad venandum, quam ad piscandum sive ad aves capiendum, necnon et reliquos ministeriales quos ad numerandum longum est.

---

c. 44. Z. 7: permittant; i. e. praetermittant (Pe.); praetermittant Bo.

---

44. *quadragesimale* Fastenspeise, vgl. c. 28, 59.
leguminibus Gemüse, s. c. 70, auch C. Aquisgr. 813, c. 19; Ga. S. 221.
piscato Fischgericht, auch Fischerei, Fische Du. Ca. VI, 334, vgl. c. 21 u. 65 m. Anm. (Aquisgr. 813, c. 18, 19; vgl. auch garum (oben c. 34) u. mustaticum Du. Ca. V, 559.
formatico s. c. 34.
milio (s. auch c. 62) panicum miliaceum, Hirse Bo. S. 87, N. 73; Kö. 5288.
panicio roman. panigum s. c. 62, Fenchelhirse Bo., Ant., Pe. N. 27; Kö. 5856.
radices Rettige Th. S. 252.
napos Steckrüben, frz. navets (Kö. 5525), s. c. 62.
breve s. c. 55. Ueber die Buchführung u. dgl. s. Einleitung S. 15.
supra c. 55? Bo. S. 87, N. 75, s. oben Einleitung S. 13.

45. *ministerio* s. oben c. 8. Organisation des Handwerks s. Gu. C. S. 181; Gi. I, 142 ff.
artifices s. Ga. S. 246, 247, auch oben Einleitung S. 8. Aufzählung von Handwerkern Behrend l. sal. S. 14, 111.
fabri ferr. s. c. 62, Eisenschmiede.
aurific. argent. Gold-, Silberschmiede, s. Gu. J. II, 307.
sutor Schuhmacher, s. auch c. 62.
tornat. Dreher (Kö. 8247), s. c. 62.
carpentar. (frz. charpentier Di. 89), Zimmerleute. Holzarbeiter resp. Wagenbauer (carpentum = Leiterwagen), Stellmacher.
scut. Schildmacher, s. c. 62. *piscat.* Fischer, vgl. c. 21, 62.
aucipites aucell. (s. Anm. zu c. 13, 18, 62). — Hier vermuthlich nicht Vogelsteller (Th. Erler), sondern Falkenabrichter (s. Gengler, germ. Rechtsdenkmäler S. 787), vgl. c. 36.
saponarios Seifensieder, vgl. 44, 62.
siceratores Brauer — ein weiterer Begriff als braxatores c. 34, 61, denn sicera est omnis potio, quae extra vinum inebriare potest sagt Isid. orig. 20, 3; Bo. S. 87, N. 76, vor Allem wohl Meth, medum c. 34 mit Anm., ferner Reisbier, Arrak, andere wohl von den Arabern her gekannte Destillate, s. Hehn S. 437, auch schon Strabo 15, 1, 53.
cervisam s. c. 34 m. Anm. c. 61; wegen des Hopfens s. Ga. S. 240, 241.
pomatium Apfelwein, piratium Birnenwein.
aliud — liquamen ... jedwede andere zum Trinken bestimmte Flüssigkeit, z. B. Würzwein s. c. 34; das altdeutsche Wort für dieses

46. Ut lucos nostros, quos vulgus brogilos vocat, bene custodire faciant, et ad tempus semper emendent et nullatenus exspectent, ut necesse sit a novo reaedificare. Similiter faciant et de omni aedificio.

47. Ut venatores nostri et falconarii vel reliqui ministeriales, qui nobis in palatio adsidue deserviunt consilium in villis nostris habeant, secundum quod nos aut regina per litteras nostras iusserimus, quando ad aliquam utilitatem nostram eos miserimus, aut siniscalcus et buticularius de nostro verbo eis aliquid facere praeceperint.

48. Ut torcularia in villis nostris bene sint praeparata; et hoc praevideant iudices, ut vindemia nostra nullus pedibus praemere praesumat, sed omnia nitida et honesta sint.

---

c. 46. Z. 1—2: bene — faciant ist übergeschrieben.
c. 47. Z. 1—2: nisteriales — palatio ist übergeschrieben.
c. 48. Z. 1—2: ta — judices ist übergeschrieben.

---

liquamen ist lîd, lîth, mhd. lît, s. Heliand u. a.; Schade WB., I, 553: Graff II, 192. *pistor* Pfistor, Bäcker.

simila Semmel, vom griech. *σεμιδαλίτης*, *σεμίδαλις* = feines Weizenmehl (Kö. 7470, vgl. Ilwof S. 427); farina s. c. 22, 64; Ga. 230, Anm. 4.

retiatores Netzmacher, rete, ahd. nezzi, vgl. Ed. Roth. 299, 312; Schw. I, 68, 78. Verschiedene Arten von Netzen sind erwähnt l sal. XXVII, c. 20, 21 u. C. VI. hierzu c. 3 Behrend l. sal. S. 34, 110, 161.

46. *lucos* — *brogilos* Thiergärten, Parke, ahd. pruil, mhd. bruel, frz. breuil, aus roman., ital. broglio, Küchengarten, mittellat. brogilus ummauertes Wäldchen (Weigand I, 270; Kö. No. 1356) locus muro circumdatus ad animalia custodienda (Bo. No. 78), gleichbedeutend = Varenna Du. Ca. VIII, 408 = garenne, Jagdgehege Di. 593 = barg = parc C. 6 zu l. sal. c. 3, § 3 (Behrend S. 110) Parkzäune s. Schw. I, 78. — Nur Ilwof (a. a. O. S. 418) hält die Brühle für bewässerte Wiesen. Ueber feramina s. c. 36, C. Aquisgr. 813, c. 18. Einen broilo ad Attiniacum erwähnt C. miss. 808, c. 10; Pe. I, 154; Bo. S. 140.

vulgus, Volkssprache entw. tiudisca lingua (s. Anm. zu c. 16 a. E. — S. 36) oder rom. (s. Anm. id est zu c. 13).

aedificio, Sorge für Erhaltung der Bauten, s. auch c. 27, 41, 48, 49, C. Aquisgr. 813, c. 19 (Pe. I, 189, Bo. S. 172) und Ansegis s. Ga. S. 231, S. 237, Anm. 2.

47. *venatores*, die vier Oberjägermeister s. Schw. I, 79, Arten von Jägern Hi. c. 16, 11: bersarii (v. bersa, Zaun, bersare bürschen), Schützen Du. Ca. I, 641. veltrarii (canibus veltrariis — s. c. 58 — praefecti) Du. Ca. VIII, 264. beverarii (quibus castorum — bever, Fiber, Biber) cura incumbit Du. Ca. I, 647.

falconar. Falkner, Hi. c. 16, 24. Falkenjagd s. auch c. 36, 45.

in palatio adsidue beständig in der Pfalz: d. i. ex latere Hi. c. 17 s. v. als austaldi in C. ital. c. 10, Bo. S. 210; Pe. I, 103, u. in C. de exped. Cors. 825, c. 2, 3; Pe. I. 242; Bo. S. 325 = palatini de palatio Da. K. VII, 2, S. 249.

regina s. Anm. zu c. 16 (auch c. 27, 58) Ga. S. 211—214.

siniscalcus c. 16. *buticular.* c. 16.

48. *torcularia* s. c. 41.

vindemia (vgl. c. 5 vindemiare) frz. vendange, Weinlese Di. 697, Kö. 8735.

nitide s. c. 24, 34, 41.

49. Ut genitia nostra bene sint ordinata, id est de casis, pislis, teguriis id est screonis; et sepes bonas in circuitu habeant et portas firmas qualiter opera nostra bene peragere valeant.

50. Ut unusquisque iudex praevideat quanti poledri in uno stabulo stare debeant et quanti poledrarii cum ipsis esse possint. Et ipsi poledrarii qui liberi sunt et in ipso ministerio beneficia habuerint de illorum vivant beneficiis; similiter et fiscalini qui mansas habuerint, inde vivant; et qui hoc non habuerit, de dominica accipiat provendam.

---

c. 49. Z. 1—2: pislis — sepes ist übergeschrieben.

c. 50. Z. 2: stabulo — debeant ist übergeschrieben. Z. 4—5: Im Texte der Handschrift lautet die vierte Zeile dieses Kapitels: (habu) erint de illorum vivant ./· & qui hoc non habuerit, de dominica accipiat provendam. Unten am Rande der Handschrift ist sechs Zeilen später mit demselben Verweisungszeichen ./· beigefügt: ./· beneficiis; similiter et fiscalini qui mansas habuerint, inde vivant.

---

49. *genitia* c. 31 (mit Anm.), 43, Ma. I, S. 115, 135 ff.; Ga. S. 213, 232, 246.

casis Hauptgebäude, auch domus, palatium, Palas, mansus u. a. genannt Ed. Rothar. 379 l. sal. XVIII, 1, l. baiuv. I, 145. IX, 1, 1, XI, 6.

pislis, aus lat. pensale, pensile, mittellat. pisale: frz. poêle (Di. 659; Kö. 6021) und mhd. phisel, phiesel, phiselgadem heizbares Gemach, Lexer, mhd. WB. II, S. 243; Schade, S. 696, vielleicht dasselbe bedeutend wie dürniz, s. Lexer a. a. O. I, 495; camerae caminis (Oefen) instructae Bo. No. 81, Du. Ca. IV, 145. Kemenate. Vgl. brev. exempl Asnap. c. 8, c. 25, Bo. S. 252, 254, piselitha = habitatio nach St. Galler Glosse, Hattemer I, S. 189.

tegurium locus seclusus et superne tectus gedeckter Bretterverschlag Du. Ca. VIII, S. 44, Th. S. 253.

screonis Pe. S. 185, No. 28: camerae subterraneae gall. escrène et ecraignes in Campania et Burgundia Bo. S. 87, No. 82: „camerae in quibus mulieres hieme vespertino tempore versabantur, gall. escrène." Ma. S. 115: Schreine, scrinia (l. burgund. XXIX, 3), s. aber Kö. No. 7299, der screon (Ort für abendliche Zusammenkünfte der Dorfbewohner) von scrinium (Kö. No. 7303, s. unten c. 62) strenge unterscheidet; ferner screona sine clave l. sal. XXVII c. 22 Behrend S. 34, screona mit clavis ibid. c. 23; Behrend a. a. O. screunae (l. sal. XIII, 1 (Behrend S. 16, 158), Grimm's Vorrede zu Merkel l. sal S. IX, l. sal M. c. 13, §§ 1, 2, 5 und Du. Ca. VII, 366: Camera demersa in humum multo insuper fimo onerata, in qua puellae simul convenientes pervigilant ad mediam noctem. Di. S. 574. escregre = Erdgemach (Tac. Germ. 16) Br. II, 646.

sepes s. oben c. 41.

50. *quanti* = romanisch so viel als quot, s. auch c. 69, 17, 18.

poledri s. c. 14 Anm. *poledrarii* s. c. 10 Anm.

beneficia, über Pferdezucht s. Ga. S. 241, Anm. 2, § 241; vergl. c. 13—15.

dominica = curtis dominica, c. indominicata, curia salica, Sal-, Ober- oder Haupthof (mitunter auch palatium) — der wirthschaftliche Mittelpunkt der Villa, s. Ilwof a. a. O. S. 418; s. oben S. 14.

provendam, Ga. S. 221. Anm. 1, S. 246, vgl. c. 17 u. c. 31, s. auch oben Einl. S. 14. inde = davon, s. c. 31.

51. Praevideat unusquisque iudex, ut sementia nostra nullatenus pravi homines subtus terram vel aliubi abscondere possint et propter hoc messis rarior fiat. Similiter et de aliis maleficiis illos praevideant, ne aliquando facere possint.

52. Volumus ut de fiscalis vel servis nostris sive de ingenuis qui per fiscos aut villas nostras commanent diversis hominibus plenam et integram, qualem habuerint, reddere faciant iustitiam.

---

c. 51. tenus — homines ist übergeschrieben.

---

51. *pravi* homines: Verruchte Leute. F. Dahn, dessen Aufmerksamkeit ich auf diese Stelle lenkte, sagt darüber brieflich:

„Wie schon der Ausdruck: „et de aliis maleficiis" darthut, sind unter dem pravi ohne Zweifel Zauberer zu verstehen, die die Aerndte auf dem Halme schädigen."

„Das Anziehende in jener Stelle ist nun aber, dafs sie den Zauberer zwar den gleichen Zweck verfolgen läfst wie den Bilwis-Schneider (s. Schmeller-Frommann Bayr. WB I, S. 230, 204, II, 585, 1037, 1038), aber mit einem anderen Mittel: hier wird nicht umritten, sondern das Zaubermittel besteht darin, dafs ein Häuflein des Saatkorns des zu schädigenden Nachbars (entwendet und) so tief unter die Erde vergraben wird, dafs es dort verfaulen mufs und nicht zu Tage spriefsen kann: dies ist eine der Hauptformen germanischen Gebetes zu guten (— weifser Zauber) oder zu bösen Zwecken (— schwarzer Zauber): es ist ein „pars pro toto": wie die paar Körner, so soll die ganze Aussaat verfaulen und nicht gedeihen. Es ist die Anwendung des Symbolischen (— s. Dahn, Bausteine I, S. 68), die in den germanischen Kultgebräuchen eine wichtige Rolle spielt: man macht den Göttern (oder den (Dämonen) pantomimisch vor, was man von ihnen erwartet, dafs sie thun sollen, wie der Zauber die Handvoll verfaulen macht, so sollen die Götter an der ganzen Aussaat thun." Andererseits: der baiuvarische Bauer verbrennt bei schwerem Gewitter opfernd einen Span, um das Haus vor dem Blitze zu retten.

maleficiis: Zauberwerke, incantationes et magice Bo. p. 88, N. 85, frz. malefice = Hexerei, Zauberei; s. auch c. 53 und vergl. l. sal. XIX, Edict. Rothar. 368 (aber auch 376), l. baiuv. XIII, 8 (aranscarti, Mederer S. 201—203); Admonitio generalis v. März 779, c. 16 (Bo. 47, 51); Admon. gen. März 789, c. 18; Bo. 55, 58, 59, und hierzu indiculus superstit. et pagan. Pe. I, 19; Bo. S. 222, 223, auch Cap. cum Italiae episcopis deliberata v. 790—800, c. 2, 3; Bo. S. 201, 202. Vgl. auch Cap. de part. Saxon. 775—790, c. 6 (striga), 7, 9, 21—23, Bo. S. 68, 69, Pe. I, 48; Dupl. legat. edict. 789, c. 26, 34, Bo. S. 64; Cap. miss. (802?), c. 40, 41, Bo. S. 101. Unter das Verbot der maleficia fallen vor Allem Zaubersprüche u. dgl. (galster, s. Schade WB. I, 255) Bo. a. a. O., N. 85 und S. 228, c. 15; ferner herbas dare bibere = potiones maleficas s. l. sal. XIX, 1, 2 mit Zus. 1 (ligaturae) und Zus. 2 (infantes non potuerit habere) Behrend l. sal. S. 25; Br. II, 561; gildonia C. Herist. c. 16; Bo. 51; C. 789, c. 26; Bo. 64, N. 18; Br. II, 540, 678 ff. Bekämpfung des Heidenthums, s. auch die von Zorn, Kirchenrecht § 5, S. 66, Anm. 1 angegebenen Zeugnisse und Br. II, 678 ff.

52. *justitiam* reddere = frz. rendre justice, ihr volles Recht ihnen angedeihen lassen, das ihnen zukommt. Vgl. C. de just. fac. Bo. S. 176.

Diese Vorschrift hängt mit dem mithio zusammen, der dem

53. Ut unusquisque iudex praevideat, qualiter homines nostri de eorum ministerio latrones vel malefici nullo modo esse possint.

54. Ut unusquisque iudex praevideat, quatenus familia nostra ad eorum opus bene laboret et per mercata vacando non eat.

55. Volumus ut quicquid ad nostrum opus iudices dederint vel servierint aut sequestraverint, in uno breve conscribi faciant, et quicquid dispensaverint, in alio; et quod reliquum fuerit, nobis per brevem innotescant.

56. Ut unusquisque iudex in eorum ministerio frequentius audientias teneat et iustitiam faciat et praevideat qualiter recte familiae nostrae vivant.

Herrn der servi u. s. w. obliegenden Vertretungs- und Verantwortungspflicht, s. C. miss. 803, c. 10 (Pe I, 114; Bo. S. 115); Gi. I, 137 ff., 173 u. a.; Br. II, S. 276 ff., 280, Anm. 25, 298, Anm. 57. Brunner, mithio u. sperantes (Festgaben f. Beseler, 1885), hiergegen E. Hermann, Noch ein Wort über mithio, Leipzig, 1890, und hiergegen wieder Arth. B. Schmidt in der Histor. Zeitschr. N. F. Bd. XXXII, S. 310; Schr. S. 177 bis 179 mit Anm. 93. Vgl. auch oben Einl. S. 18 u. Anm. zu c. 2, S. 24, 25, c. 4, S. 27; über das Reklamationsrecht ebenda u. Schr. S. 179: Br. II, S. 50, 111, 138, 277.

53. *latrones.* Vgl. Br. II, S. 637, 649 (Schachraub), 539; Schr. S. 344. Gegen die l. richten sich zahlreiche C., u. a. Chilp. v. J. 596 c. 7, c. 8, Bo. S. 17; C. Heristall. 779, c. 9—12, 23, Bo. S. 48, 49, 51; C. in Theod. villa c. 21, Bo. S. 125 (Anm. 16 ebenda ist zweifellos angesichts d. obigen unrichtig); C. Sax. c. 24, Bo. 70; C. 805—808, Bo. S. 141; C. 803—813, Bo. S. 146, 154, 156, 159, 175, 191. — Ansegis C. lib. IV c. 61; Bo. S. 444.

malefici vgl. maleficia in c. 51 pravi homines u. C. miss. (802?) c. 45 mangones etc.; Bo. p. 104.

possint: Die socialpolitische Tendenz dieses C. s. oben Einl. S. 4—7.

54. *familia* s. c. 2.

ad eorum opus, kann heifsen: nach Mafsgabe ihrer Dienstpflicht, aber auch: nicht blofs für das opus nostrum wie c. 1 und die meisten Capitel des C. vorschreiben, sondern auch für ihren Hausstand sollen die Bediensteten arbeiten.

mercata (frz. marché), die Märkte der beginnenden (durch das Marktrecht charakterisirten [Schr. S. 603 u. a.]) Städte, die bereits ihre anziehende Wirkung auf die Landbevölkerung auszuüben anfangen. Ueber die Märkte der fränkischen Zeit Br. II, 239, 240; Da. M. S. 369 u. Dahn, Urgesch. Bd. III, S. 743. Gegen das Umherstreunen s. auch admonitio generalis v. März 789, c. 79 (mangones — Hochstapler, Du. Ca. V, 218; cotiones — Bettler, Di. 552, coquins) Bo. S. 60; Sonntagsfeier s. C. Anseg. C. III, c. 139; Bo. 412.

55. *breve* vgl. c. 44 u. s. oben Einl. VII, S. 15. brevium exempla s. Pe. I, 175 ff.; Bo. S. 250—256. „breviare" s. ebenda c. 9, 16, 23, 24.

dederint — sequestraverint: Einnahme- oder Produktionskonto.

dispensaverint: Ausgaben- oder Verbrauchskonto. *dispensare* s. auch c. 24, Anm.

innotescant berichten, melden, s. Einleitung S. 15, 16 u. c. 33.

56. *iudex* s. oben c. 3, Anm. S. 25 bis 26; c. 56, 57 u. 29 gehören zusammen und ergeben die Rechtspflege nach Hofrecht einschliefslich des Beschwerdeweges, s. oben Einleitung 16—18.

57. Si aliquis ex servis nostris super magistrum suum nobis de causa nostra aliquid vellet dicere, vias ei ad nos veniendi non contradicat. Et si iudex cognoverit, quod iuniores illius adversus eum ad palatium proclamando venire velint, tunc ipse iudex contra eos rationes deducendi ad palatium venire faciat, qualiter illorum proclamatio in auribus nostris fastidium non generet. Et sic volumus cognoscere, utrum ex necessitate an ex occansione veniant.

58. Quando catelli nostri iudicibus commendati fuerint ad nutriendum, ipse iudex de suo eos nutriat aut iunioribus suis, id est maioribus et decanis vel cellariis ipsos commendare faciat, quatenus de illorum causa eos bene nutrire faciant, nisi forte iussio nostra aut reginae fuerit, ut in villa nostra ex nostro eos nutriant; et tunc ipse iudex hominem ad hoc opus mittat qui ipsos bene nutriat, et segreget unde nutriantur, et non sit illi homini cotidie necessitas ad scuras recurrere.

---

c. 57. Z. 2: sa nostra — vellet ist übergeschrieben. Z. 5: Guérard glaubt, es müss gelesen werden: rationes deducere ad palatium veniendi faciat; die Handschrift zeigt obigen Text.

c. 58. Z. 2: nutriendum — iudex ist übergeschrieben.

---

audientia = judicium s. Du. Ca. I. S. 469, 1 und die dort angegeb. gleichaltigen Stellen. Es ist Thaer (a. a. O. S. 254) nicht beizustimmen, wenn er — zu c. 56 — meint, „die Rechtspflege des Amtsmanns erstreckte sich nur auf die Unfreien, einer Art Polizeigerichtsbarkeit“ — gerade diese ist in c. 56 nicht gemeint, sondern die unter dem Vorsitz des Amtmanns gehandhabte des Hofmärkerdings.

57. *servis* Hörige, hier offenbar in so weitem Sinne, das das Wort alle Gutsunterthanen bezeichnet.

magistrum s. c. 29 Vorgesetzter, Meister.

vias ad nos veniendi die Wege zu uns, — gemeint ist die allen in besonderem Königsschutz stehenden Personen zustehende Befugnifs, ihre Rechtshändel „an den Hof des Königs zu dingen“, das „ius reclamandi ad regis definitivam sententiam“, das Reclamationsrecht, wie es Brunner nennt, s. Br. II, S. 50 mit S. 138 (Anm. 30), 111 (Anm. 17; Hi. c. 21.

Zwischen c. 29 u. c. 57 besteht kein Widerspruch, an den König kann jeder selbst reclamiren, wenn der Anspruch gegen den Vorgesetzten selbst gerichtet ist (c. 57), in anderen Ansprüchen aber hat der Letztere ihn zu vertreten (c. 29).

fastidium roman. Langeweile, Ekel. Verdrufs Di. 134.

rationes Rechenschaftsbericht, welchen, wie Th. S. 254 richtig annimmt, der Oberbeamte in seiner eigenen Angelegenheit sowohl als sofortige Vertheidigung, wie zur sachdienlichen Information des Königs einzusenden hat.

occasio, occansio altfrz. ochaison, Vorwand Kö. 5703.

58. *catelli* ital. catello. prov. cadels = junge Hunde. Ueber Hundehaltung s. auch c. 11, 23 u. Anm. mansionat. hierzu; Ga. S. 222 bis 223. Zeichen der königlichen Hunde s. C. 803, c. 18; Bo. I, S. 116; Schw. I, 77. *causa* = chose s. c. 3, S. 26. *quatenus* dafs. *commendati*, anbefohlen. *de suo* aus ihrem eigenen Einkommen. Gegensatz ex nostro.

Regina s. Ga. (§ 3) S. 211—214. Vgl. cc. 16, 27, 47.

59. Unusquisque iudex quando servierit per singulos dies dare faciat de cera libras III, de sapone sextaria VIII; et super hoc ad festivitatem sancti Andreae, ubicunque cum familia nostra fuerimus, dare studeat de cera libras VI; similiter mediante quadragesima.

60. Nequaquam de potentioribus hominibus maiores fiant, sed de mediocribus qui fideles sint.

61. Ut unusquisque iudex quando servierit suos bracios ad palatium ducere faciat, et simul veniant magistri qui cervisam bonam ibidem facere debeant.

62. Ut unusquisque iudex per singulos annos ex omni conlaboratione nostra quam cum bubus quos bubulci nostri servant,

---

c. 60. Z. 1: de ist von gleichzeitiger Hand übergeschrieben. Z. 2: de mediocribus — sint ist übergeschrieben.

---

nutriant. Hunderassen in der fränk. Z. u. Rechtsaufzeichnung: 1. leitihunt l. beiuv. XX, 1; l. alam. LXXXIV, 2. 2. spurihunt l. baiuv. XX, 3. 3. canis seusius, cursalis (sigusius magister) l. sal. VI, 1; l. alam. LXXXIV, 1. 4. triphunt l. baiuv. XX, 2. 5. Hetzhund l. baiuv. XX, 7; l alam. LXXXIV, 3. 6. canis veltris l. alam. a. a. O.; l. baiuv. XX, 5; l. sal VI, 1, Zus. 1; l. burg. 97 (Di. 339). 7. piparhunt l. baiuv. XX, 4. 8. hapuhhunt l. baiuv XX, 6; l. fris. IV, 4. 9. braco petrunculus l. burg. a. a. O. Ueber alle dièse Schw. I, 65, 66. 10. canis pastoricialis l. sal. VI, 2.

59. *servierit:* Hofdienst hat, s. Einleitung S. 16; *cera* c. 17, 34.

fest. Sti Andreae: 30. Nov. Bo. No. 86. Ueber die Feste s. Anm. zu c. 15.

sapone c. 43. 62.

sextaria c. 9.

familia hier vielleicht die Familie; Th. „Hofhaltung"; jedenfalls nicht im Sinne von c. 2 Anm. S. 24

mediante quadrag.: Mitt-Fasten, micarême s. Anm. zu c. 28, 44.

60. *potentior.* (weltliche Grofsgrundbesitzer) Br. I, 205, 251, II, 6, 285.

maiores s. c. 10.

mediocres vgl. Congestum Arnonis v. 788 (Oberbayr. Arch. IV, 298). Br. I, 248, 250, burgund. ein Stand (niederer Adel) zwischen den leudes und optimates, fränkisch: Gemeinfreie mit normalem mittleren Grundbesitz wie alaman. minofledi He. I, 162; Br. I, 248, 249.

fideles, des Königs Br. II, 12 = leudes, Unterthanen, die den Treueeid geleistet haben Br. I, 60 ff.

61. *quando servierit* s. servitium, oben Einleitung VII, S. 16.

bracios s. c. 34 Anm. brac. u.

cervisam s. c. 45 Anm. siceratores. (Die Versendbarkeit des Bieres war — namentlich vor dem allgemeinen Gebrauch des Hopfens — beschränkt, s. Hehn S. 415, Ga. S. 240, 241 mit Anm. 5 u. 6, S. 240.

62. *Ut* etc. Tendenz dieses Kapitels s. Einleitung S. 9, 10, 15. Die Satzkonstruktion, in welcher Z. 2 quam wie quid zu deuten ist, (während nach Bo. No. 89 nach annos zu ergänzen wäre: quid) ist: unusquisque iudex nobis notum faciat (statt faciant, vorletzte Zeile dieses Kapitels) quid — habuerit (statt habuerint) vorvorletzte Zeile) ut scire valeamus quid habeamus: Jeder Amtmann soll uns alljährlich Alles aus dem Gesammtertrage gesondert und wohlgeordnet berichten, nämlich was er mit den Ochsen, die

quid de mansis qui arare debent, quid de sogalibus, quid de censis, quid de fide facta vel freda quid de feraminibus in forestis nostris sine nostro permisso captis, quid de diversis conpositionibus, quid de molinis, quid de forestibus, quid de campis, quid de pontibus vel navibus, quid de liberis hominibus et centenis qui partibus fisci nostris deserviunt, quid de mercatis, quid de vineis, quid de illis qui vinum solvunt, quid de feno,

c. 62. Z. 4: de fide facta mit frischerer Tinte nachgefahren. Z. 6: campis. Bo. S. 89 hält dafür, dafs statt dessen vielleicht cambis gelesen werden müsse und verweist zur Vergleichung auf die brevia ad describ. res eccles. et fiscal. c. 24 (soll heifsen 25), s. Bo. S. 254, Anm. 55; in der Handschrift steht aber deutlich campis.

den Schwaigern verstellt sind, erzielt hat (habuerit), was die Hufen, auf denen der Ackerdienst lastet (qui arare debent) ertragen, was die Hörigkeitsabgaben (Frischlinge), was die Gilten u. s. w. abwerfen u. s. w.

conlaboratio, vgl. c. 6, 28, 30, 34, 44; brev. exempl. Bo. S. 250 ff.; Gu. J. II, 301—303.

bubulci (vgl. edict. Rothar. 133) ital. bifolco Di. S. 357; Kö. 1380 entspricht sachlich dem lat. armentarius, welches die St. Gallen Glosse mit sveikari, d. i. Schwaiger übersetzt, hierüber Schmeller, bayr. W.B. III, 531 ff.; Lexer, mhd. W.B. S. 229; Schade, altd. W.B. S. 909.

mansis s. c. 67 u. Anm. zu c. 10 b.

sogales c. 10 Anm. *censis* c. 8, 39.

de fide facta vel *freda*: was als Friedensgeld, Friedbruchgeld, (ahd. fridu, davon auch frz. frais, Kosten, s. c. 4 Anm. S. 27, 28; Di. 587; Kö. No. 3441) oder — statt dessen nach feierlichem Versprechen oder durch Pfändung — „Verfahren ex fide facta" Br. II, 41, 455, 520 — als Entschädigung eingegangen ist; es scheint, dafs auch für die administrative Fronung (Br. II, S. 41, 457) wenigstens der Name des Verfahrens de fide facta erhalten wurde. Oder sollte man mit Th. und Erler de fid. fat. auf den Ertrag aus Vergleichen beziehen dürfen?

feraminibus in forestis etc. Schr. S. 191. Strafen wegen unbefugten Thierfanges in königlichen Bannwäldern; vgl. z. B. C. Aquisgr. 813, c. 18; amplius ne prendat quam illi datum sit.

compositionibus s. oben Anm. 1 zu c. 4, S. 27.

molinis Abgabe von Mühlen, wie z. B. in brev. exempl. c. 7 a. Ende. Bo. S. 252. Ueber Mühlen s. auch oben c. 18 farinaria.

forestibus Ertrag der Waldungen? Kaum, sondern an dieser Stelle, des Zusammenhangs wegen, Strafertr|ägnisse aus Waldungen, und Abgaben von Waldungen, z. B. Weidezinsen oder dgl. s. c. 36; die eigentlichen Forstprodukte sind nachstehend unter quid de lignariis — materiamen zu verstehen.

campis, statt dessen möchte Bo. (S. 89, Anm. c.) cambis (Brauhaus und Backhaus) lesen, wie insbes. brev. exempl Asnap. c. 9, 25, Bo. S. 254 mit Anm. 55 ebenda; jedenfalls ist an eine Abgabe zu denken, nicht an den Feldertrag (s. unten annona).

pontibus, Brückenzoll. Ueber fränk. Zollwesen s. E. Wetzel in Gi U. Heft 43, S. 4 u. a; Da. M. S. 366 ff. (pontaticus); Br. II, 239, Schr. S. 188; Schu. S. 109, Vgl. Ansegis C. lib. III, c. 54; Bo. S. 431.

navibus Schiffzölle, s. E. Wetzel in Gi. U. Heft 43, 1893, S. 3, Lit. ebenda Anm. 1. Zollerträgnisse s. z. B. Da. M. S. 368. Mayer, in den German. Abh. f. K. v. Maurer 1893 S. 380 ff.

quid de lignariis et faculis, quid de axilis vel aliud materiamen, quid de proterariis, quid de leguminibus, quid de milio et panigo, quid de lana, lino vel canava, quid de frugibus arborum, quid de nucibus maioribus vel minoribus, quid de insitis ex diversis arboribus, quid de hortis, quid de napibus, quid de wiwariis, quid de coriis, quid de pellibus, quid de cornibus, quid de melle et cera, quid de uncto et siu vel sapone, quid de morato, vino cocto, medo et aceto, quid de cervisa, de vino novo et vetere, de annona nova et vetere, quid de pullis et ovis

---

c. 62. Z. 14: uniuuariis.

---

liberis hom. d. s. freie Leute, denen ein zum Amtsbezirk des betr. Iudex gehöriges fiskalisches Grundstück gegen Zins zur Benutzung überlassen wurde. Br. II, 237.
centenis (vgl. Br. II, 146, 177 f., 217, 221 f.) andere centena s. C. ad leg. sal. IV, 9. § 1 (Behrend S. 103). Wie Br. II, 237 annimmt, sind unter c. hier Hundertschaften zu verstehen, welche fiskalischen Boden ausnutzen und dafür eine Abgabe bezahlen. Doch dürfte diese centena mit der Zahl hundert zur Zeit des C. de villis nur mehr dem Namen nach zusammenhängen und einfach Gemeinde oder Markgenossenschaft bedeuten. Vgl. Pe. SS. II, 180, 281 communitates.
mercatis (s. c. 54) Br. II, 239, 240. Markzölle s. E. Wetzel a. a. O. *vineis* c. 8, 22 u. a. *vinum solvant* c. 8 am Ende. *feno* Heu s. auch c. 5. *lignariis* Holzhöfe (Erler), Brennholz (Th.). *faculis* hierzu s. Schw. I, 45, 46. Fackeln Bo. No 91. Kien (Erler). *axilis* hierzu s. Schw. I, 45: Schindeln = scindula (auch Erler; Bo. S. 89, Anm. 92) und Th.: Bretter. *materiamen* s. c. 3 materia. Bauholz (Erler), Holzwerk (Th.).
proterariis, statt dessen wird gelesen: petrariis Erträgnisse der Steinbrüche. Du. Ca VI, 297, Andere lesen: petariis (peta Torf) Erträgnisse der Torfstiche. Pe. S. 185, Anm. 30; Gu. C. S. 269, 270, 305 übersetzt proterrariis mit terres vaines, terres incultes und versteht hier darunter die Erträgnisse der unbebauten, etwa nur zur Weide dienenden Ländereien droits, de vaine pâture ou autres semblables. Th. S. 255 Oedland; Erler: Brachland. Du. Ca führt T. VI, S. 541 zu proterrarium = ager, praedium, zwei fränk. Urkunden, v. 764 und v. 1060 (s. auch Gu. C. S. 270), in denen dieses Wort vorkommt und Oedland. Vorland, vielleicht auch Neubruch, captura, bifank, bezw. die Abgabe hierfür bedeuten kann, wie agraria in Chlothars praeceptio c. 11 (Bo. S. 19) = Rottlandzehnt, Br. II, S. 75, Anm. 46, I, § 26, S. 205, Anm. 10 und 11.
leguminibus vgl. c. 44, c. 70. *milio* vgl. 44. *panigo* rom. vom lat. panicium s c. 44. *lana* vgl. c. 43. 31. *lino* vgl. c. 43, 31. *canava* Hanf. *frugib. arb.* s. unten c. 70. *nucibus* mai. v. min. s. unten c. 70. *insitis* veredelte Bäume (Th., Erler). *hortis* s. c. 70, 44, 3. *napibus,* navets, — Rübenland (Erler) c. 44. *wiwariis* vgl. c. 21, 44, 45, 62, 65. *coriis* Leder. *pellibus* cfr. C. ao. 808, c. 5; Bo. S. 140; s. unten c. 66, 69; Verwendung s. z. B. Einhard vita Karoli c. XXIII Pe. SS. II, S. 454, C. Aquisgr. de vita monach. 817. c. 22: muffulas in hieme vervecinas, Pe. I, 201; Bo. 345. *cornibus* s. auch c. 66. *melle* c. 34, 44. *cera* c. 34, 44. *uncto* c. 43. *siu* vel sapone (Kö. No. 7326, s. Anm. zu 13) c. 43, 44, 45, 59. *morato* c. 34 mit Anm. *vino cocto* c. 34. *medo* c. 34, 45 Anm. *aceto* c. 34, 44. *cervisa* c. 34, 45, 61. *vino* nov. et vet, c. 5, 8, 34, 48 u. a. *annona* nov. et vet. c. 5, 20. Ueber Ge-

vel anseribus id est aucas, quid de piscatoribus, de fabris, de scutariis vel sutoribus, quid de huticis et cofinis id est scriniis, quid de tornatoribus vel sellariis, de ferrariis et scrobis, id est fossis ferrariciis, vel aliis fossis plumbariciis, quid de tributariis, quid de poledris et putrellis habuerint omnia seposita, distincta et ordinata ad nativitatem domini nobis notum faciant, ut scire valeamus quid vel quantum de singulis rebus habeamus.

63. De his omnibus supradictis nequaquam iudicibus nostris asperum videatur si hoc requirimus; quia volumus ut et ipsi simili modo iunioribus eorum omnia absque ulla indignatione requirere studeant, et omnia quicquid homo in domo sua vel in villis suis habere debet, iudices nostri in villis nostris habere debeant.

64. Ut carra nostra quae in hostem pergunt basternae bene factae sint, et operculi bene sint cum coriis cooperti, et ita sint consuti, ut, si necessitas evenerit aquas ad natandum, cum ipsa

---

c. 62. Z. 20: huticis; Bruns liest statt dessen buticis, ebenso Henschel-Du Cange I, 795 unter butica = obba, vasis gnus. Ich lese husticio, ebenso Bo. u. Pe. Z. 23: Ueber ut in putrellis ist von gleichzeitiger Hand ein *l* geschrieben, also ist pultrellis zu lesen. Z. 24: faciant ist umgegebrochen unter die Zeile geschrieben; ebenso Z. 25 habeamus.

---

treidepreise s. C. Franconof. 794, c. 4, Bo. 74. *pullis* s. c. 38, 39, auch 19, 20. *ovis* s. c. 39. *anserib.* i. e. *aucas* s. oben Anm. zu c. 13 u. zu c. 18. Vgl. c. 18, 19. *piscatoribus* s. 45, 21, 65. *fabris* s. 45. *scutariis* s. 45. *sutoribus* s. 45. *huticis* fr. huche, Kö. 4059 Backtrog. *cofinis* i. e. *scriniis* frz. coffre (Kö. 2165); Bo. S. 89, No. 98; Kö. 7303 (s. anders: screon c. 49, Kö. 7299, Di. 574), ahd. scrini = Schrein, Schrank, s. Schade S. 807.

tornatoribus (c. 45) v. *sellariis* Sattler (Kö. 7354).

ferrariis Eisenschmieden (ferrajo Kö No. 3201) oder Eisenhämmer Th. 255. Schmiedewerkstätten (Erler II, 67) — es können hier nur Eisenhütten, Eisenhochofen gemeint sein, da die Schmiede unter fabri und die Bergwerke unter scrobis fallen.

scrobis i. e. foss. ferrar. Kö. No. 7307, 7308. Gruben, Eisenbergwerke; über deren Betrieb s. Br. II, 76 und das dort (Anm 51) angef. Registr. Prum. c. 41; Beyer, Mrh. UB. I. 164. *plumbariciis* Bleigruben. *tributariis* Abgabepflichtige. *poledris* Hengstfohlen s. oben c. 14, 15. *pultrellis* Stutenfohlen s. oben c. 14. *nativ.* Dñi s. Anm. c. 15 die Feste.

63. *nequaquam* etc., keineswegs eine Ueberbürdung.

64. *hostem* s. c. 30, 42, 68.

carra: die Kriegsausrüstung des königlichen Fuhrwerks regelt auch C. Aquisgran. c. 10, Bo. S. 171, s. Ga. S. 231, carrus beim Raub u. dgl. s. l. sal. XII, Zus. 1, XIV Zus. 1. C. hierzu VI, 6.

basternae = ahd. sambuch; fahrbare Sänfte; Kriegskarren, s. Ga. S. 230, Anm. 2. Isidor. Orig. XX, c. 12; basterna vehiculum itineris, quasi viae sterna, mollibus stramentis est posita, a duobus animalibus deportatur. Schade A.WB. S. 741; Di. I, 3 S. 422.

operculi = Decken, Dächer, Wagendächer. *coriis* Leder, Lederüberzüge vgl. c 68. *expensa* Fourage, Proviant.

farina, vgl. C. Aquisgr. c. 10 und C. de villis c 24, 45.

expensa quae intus fuerit transire flumina possint, ut nequaquam aqua intus intrare valeat et bene salva causa nostra, sicut diximus, transire possit. Et hoc volumus, ut farina in unoquoque carro ad spensam nostram missa fiat, hoc est duodecim modia de farina; et in quibus vinum ducunt, modia XII ad nostrum modium mittant; et ad unumquodque carrum scutum et lanceam, cucurum et arcum habeant.

65. Ut pisces de wiwariis nostris venundentur et alii mittantur in locum, ita ut pisces semper habeant; tamen quando nos in villas non venimus, tunc fiant venundati et ipsos ad nostrum profectum iudices nostri conlucrare faciant.

66. De capris et hircis et eorum cornua et pellibus nobis rationes deducant, et per singulos annos niusaltos crassos nobis inde adducant.

67. De mansis absis et mancipiis adquisitis si aliquid super se habuerint quod non habeant ubi eos collocare possint, nobis renuntiare faciant.

---

c. 65. Z. 1: uuiuuariis. Z. 4: faciant ist umgebrochen unter die Zeile geschrieben.
c. 66. Z. 2: annos ist von gleichzeitiger Hand übergeschrieben.
c. 67. Z. 1–2: liquid super se ha ist übergeschrieben. Z. 3: nuntiare.

---

spensa vgl. dispensa c. 24, s. auch C. Aquisgr. c. 10. Bo. S. 171, vgl. dispensare Brev. exempl. c. 25.

modius vgl. c. 9 oben S. 30f. u. Breve exempl. c. 24, Ga. S. 232, 233.

vinum s. auch C. Aquisgr. c. 10, C. de vill. c. 8, 48, 62.

scutum, vgl. c. 45 scutarios.

lancea s. C. Aquisgr. c. 9. Vergl. oben c. 42 ferramenta.

cucurum = ahd. chochar, = Köcher. Kö. No. 1972, 6515; vgl. c. 42.

arcum, nach C Aquisgr. c. 9, Bo. S. 171: cum duas cordas, sagittas duodecim; vgl. ferner ebenda c. 17 nullus in hoste habeat baculum sed arcum. Ueber Heerbann u. Kriegsausrüstung im Allg. s. C. miss. v. 811 c. 6, 19 u. a. Bo. 123, 125; C. bon. 811, c. 2–4; C. Aquisgr. 813. c. 9, Bo. S. 166, 171; Br. II, S. 208 ff; Ga. S. 230, 231. Epist. Fulrad. Bo. 168 u. Lit. oben zu c. 13.

65. *vivar.* Ueber Fischzucht s. auch c. 21 und C. Aquisgr. c. 18, 19 (Bo. S. 172).

profectum s. oben c. 36.

66. *capris* s. auch c. 23.

cornua, pellibus, c. 62.

rationes deduc. Rechnung stellen.

niusaltus s. c. 34 (vgl. Anm. zu 16). inde, frz. en, s. c. 31.

67. *mancipia* non casata s. C. 806 (divisio imp.) Bo. 129; Br. I, 233.

collocare (unterbringen, setzen wie in truh-sazzo), davon coucher Kö. No. 2013.

mansi absi im Gegensatz zu m. vestiti: ein m. vestitus umfafst Alles, was die vollständige Ausübung der Herrschaft und der Nutzung des Gutes bedingt, He. I, 360, ist also mit dem erforderlichen Viehstand. der Dienerschaft und Geräthschaft versehen, während ein m. absus nicht mit einem Hintersassen (mansuarii s. c. 39) als regelmäfsigem Inhaber besetzt ist, Br. I, 212; Gu. J. I, 589, II, 23, 32, 113, 274; Waitz Hufe S. 220; He. I, 360, II, 174. Vgl. auch oben Einleitung S. 14; Ma I, 344 ff. und Brev. exempla c. 9, Bo. S. 252 ff., Anm. 35.

68. Volumus ut bonos barriclos ferro ligatos, quos in hostem et ad palatium mittere possint, iudices singuli praeparatos semper habeant, et buttes ex coriis non faciant.

69. De lupis omni tempore nobis adnuntient, quantos unusquisque conpraehenderit et ipsas pelles nobis praesentare faciant; et in mense maio illos lupellos perquirant et conpraehendant, tam cum pulvere et hamis quamque cum fossis et canibus.

70. Volumus quod in horto omnes herbas habeant, id est

---

c. 68. Z. 1: tos — hostem ist übergeschrieben.

c. 70. Die erste Zeile dieses Kapitels Seite 16a der Handschrift lautet: „Volumus qd in orto oms herbas habeant, id est lilium", dann folgen die Pflanzennamen in drei Längskolumnen neben einander, und zwar so, dafs in den ersten Kolumnen oben steht Rosas, darunter fenigrecum etc. bis mentam die zweite Kolumne beginnt oben mit mentastrum und endigt mit mespilarios, die dritte beginnt mit castanearios und endigt mit serotina. In der zweiten Kolumne ist: pirarios diversi generis ausgelassen, und mit einem auch oben in der Kolumne hinter pomarios diversi generis angebrachten Verweisungszeichen ·/. unter den Text der zweiten Kolumne gerade über Explicit capitulare geschrieben. Bei mismaluas ist die Notiz „ibischa id est altaea"

---

68. *barricl.* (= franz. barrigues) oder dolia = Fässer, ahd. littefass, lidfaz oder lagell = Fafs oder Gefäfs für Obstwein, Würzwein = vas vinarium in Brev. exempl. cc. 6, 7 (Staphinseie): tine, nach einer St. Galler Glosse sec. X = Zubar, also Tonne, Zuber (zwi-bar, Gefäfs mit zwei Henkeln, im Gegensatz zu Einbar s. c. 9 situla) Ga. S. 230, Anm. 9.

„in hostem" s. c. 30.

ad palatium mittere, s. z. B. in cc. 8, 20, 34, 59, 61.

buttes (vgl. buticulas, Kö. No. 1434) St Galler Glosse cuba = putin, Butte oder Bütte. Vgl. Hehn 510.

coriis cfr. 64 Bo. S. 89, N. 3: Schlauch, frz. outre. Vgl. ascopera, Glosse zu Judith 10, 5.

69. c. 69 zeichnet sich durch drei romanische Spracheigenthümlichkeiten aus, durch den Gebrauch von ille (vgl. c. 70 ille hortulanus) und von ipse als Artikel (s. Di. S. 182, sardisch su, sa) und von quantos statt quot wie oben c. 17, 18, 50 u. a.

de lupis. Das C. de villis c. 69 wird ergänzt durch C. Aquisgran. c. 8. von 813 (Bo. S. 171), s. hierüber ausführlich hinsichtlich der Rechte und Pflichten des luparius Ga. S. 227. 228. Noch im Jahre 1892 sind in Frankreich, und zwar zumeist im Gebiete der Ardennen, Argonnen und Vogesen (alt-salfränkisches Gebiet, s. Ga. S. 227) 327 Wölfe zur Strecke gebracht worden, für welche 23 580 frcs. Abschufsprämie bezahlt wurden. (Bulletin de ministère franç. de l'agriculture XII, Dez. 1893).

hamis Wolfsangeln. *pulvere* Gift. Ueber Wolfsjagd s. auch Schw. I, 68. 79, 80; Pe. SS. II, 8, 103.

fossis Fanggruben, vgl. l. sax. 56, 57; l. visigoth. l. VIII, t, IV, 23.

canibus. Ueber die Hunderassen s. oben c. 58.

70. *De herbis hortulanis:* c. 70, cfr. Brev. exempla c. 29, 37, 87; Ga. S. 233 ff.

Die Anordnung, welche c. 70 trifft, ist in mehrfacher Beziehung interessant; die weitaus überwiegende Mehrzahl der Pflanzen, deren Bau der Kaiser anordnet, wurde zu Heilzwecken verwendet: die kaiserlichen Domänen sollen also auch in pharmazeutischer Hinsicht das Volkswohl fördern. S. Ga. § 15 S. 233, 234; § 22 S. 247. Die Erklärung mancher der vom C. angegebenen Pflanzennamen macht Schwierigkeiten; ich verdanke die meisten Erklärungen

lilium, rosas, fenigrecum, costum, salviam, rutam, abrotanum, cucumeres, pepones, cucurbitas, fasiolum, ciminum, ros marinum,

nachgetragen und zwar von derselben Hand, welche die entsprechende Notiz auch auf S. 12a der Handschrift (Bo. S. 256, c. 37 brev. exempl. Asnapio) bei mismaluas übergeschrieben hat: id est altea quod dicitur ibischa. — Nach dem Schlufssatze: Explicit capitulare dominicum, in welchem das letzte Wort ebenso abgekürzt geschrieben ist, wie in c. 23, Z. 5, folgen, von der nämlichen Hand und Tinte wie der Text des ganzen Capitulare, die Glossen: „Hamedii, id sunt coniuratores, quos nos geidon dicimus. Metani, „id sunt propinqui. Solsaticum, id est abiecticium; solsativit, id est abiec- „tivit. Loudus eius iacet finitus, id est weregildus. Concapulavit id est „concidit, forheo. Livorasset, id est vulnerasset."

meinem Herrn Kollegen Fleischmann und dem Herrn Apotheker Fr. Kunze in Königsberg i. Pr., welchen ich auch an dieser Stelle meinen Dank ausspreche. Lit. s. R. von Fischer-Benzon (Kiel), Altdeutsche Gartenflora (Kiel u. Leipzig 1894) u. Ernst H. L. Krause: Der Uebergang des Gartenbaues aus der romanischen in die germanische Kultur. Globus Bd. 65, No. 17, S. 279 ff.

1. *lilium* = Lilie, wohl vorzugsweise des Kirchenschmuckes wegen zu halten, lilium candidum, Me., Fi. B. 33 f., auch in Asnap. Berichte c. 29 (Bo. 255) unter den Gartenpflanzen vorangestellt.

2. *rosas* = rosa centifolia, Me. nach Plinius so genannt, vgl. Fi. B. 35, des Kirchenschmuckes wegen und vielleicht auch zu kosmetischen Zwecken angeordnet.

3. *fenigrecum* = Hornklee, Bockshorn Ki., Steinklee Ant., Trigonella foenum graecum Me., Griechisch Heu Fi. B. 81, Thierfutter und Thierheilmittel.

4. *costum* Frauenminze Fi. B. 73; Tanacetum balsamita, nach Sprengel, Refs und Gefsner, sowie balsamita vulgaris, Me., Kostwurz, Ant.; nach der „Apotheker-Zeitung" vom 26. November 1892, welche auf freundliche Veranlassung des Herrn Apothek. Fr. Kunze von Königsberg sachverständige Aeufserungen über diese und andere Pflanzen des C. de villis hervorrief, ist unter Costum Tanacetum balsamita L. zu verstehen (F. A. Flückiger, Bern). Nach dieser und anderen Aeufserungen ebenda (eine. gez. „W.", welche die Pflanze bei Dioscorides nachweist, u. nach F. Alpers-Lintorf), ist jedenfalls so viel sicher, dafs entweder eine sehr geschätzte Gewürzpflanze (Plinius 11, 12, 25) oder eine im Mittelalter beliebte Arzneipflanze (s. Joh. Jac. Vogt's Gayopylacium medio-physicum) unter c. zu erkennen ist; es steht im Asnap. Bericht c. 29 an zweiter, in dem angefügten Berichte über Treola (ebenda c. 37) an erster Stelle. Da. M. S. 368 übersetzt: Bitterwurzel, s. Anm. morat. zu c. 34.

5. *salviam* = Salbey (salvia officinalis Me. Fi. B. 133), Küchengewächs, adstringirendes Heilmittel, Blätter zu Wund- und Gurgelwasser verwendet.

6. *rutam* Raute, ruta graveolens, Me. Fi. B. 69, schon bei den Römern und seitdem in verschiedener Weise Heilzwecken dienend, gegen Gifte Isid. Etym. XVII, 10.

7. *abrotanum* Eberraute, Eberitz, Kr. Stabwurz, Ant., Artemisia abrotanum, Me. Fi. B. 69, 74 (Plin. 21, 21, 92; Hor.), scharfes, bitteres, harn- u. schweifstreibendes Hausmittel, auch zur Pottaschegewinnung verwendet; vgl. auch Weigand in Zeitschr. f. deutsche Mythologie u. Sittenkunde Bd. II (1854) S. 172.

8. *cucumeres* = Gurken (cucumis sativus Me. Fi. B. 92); Hehn S. 277 bis 278.

9. *pepones* Melonen (cucumis melo Me., Fi. B. 93, 94, 95 auch genannt „Erdapfel"; Bo. S. 90, Anm. 14).

10. *cucurbitas* Kürbisse (cucurbita pepo Me.), als Futter für Schweine gebaut, auch als Flaschen (s. oben zu c. 3 buticulas, S. 26), verwendet; nach Fi. B. S. 89 ff. Cu-

careium, cicerum italicum, squillam, gladiolum, dragantea, anesum, coloquentidas, solsequiam, ameum, silum, lactucas, git, eruca alba,

---

curbita lagenaria, Flaschenkürbis. Hehn 276; Plin. 19, 71; Columella 11, 3, 49; K ö. No. 2309.

11. *fasiolum* Faseolen, faseolus vulgaris, Me.; Vietzbohne, Ki: dolichos melanophthalmus Fi. B. 98 (vgl. ebenda Anm. 1).

12. *ciminum* Kreuzkümmel, Gartenkümmel, Ki.; cuminum cyminum Me. Fi. B.; Gartenkümmel Ki.; eine an ätherischen Oelen sehr reiche — namentlich vor Verbreitung des Pfeffers statt dieses — stark verwendete Gewürz- u. Arzneipflanze, verdauungbefördernd u. s. w. Hehn S. 183, 184.

13. *ros marinum* Rosmarin, rosmarinus officinalis Me. Fi. B. 136, eine vielfach angewandte Gewürz- u. Arzneipflanze, auch zur Herstellung eines sog. Schönheitswassers; herba salutaris Isid. Orig. 17, 9.

14. *careium* Feldkümmel, Carum carvi Me. Fi. B. 131; Wiesenkümmel Ki., Karbe, Ant. Futterpflanze, deren Same übrigens wie der von ciminum (No. 12) benutzt wird.

15. *cicerum italicum* Kichererbse, cicer arietinum (Me. Fi. B. 101), dessen gerösteter Same früher Nahrungsmittel war.

16. *squillam* Meerzwiebel Ki. Scilla maritima; Me. Fi. B. 81; ein sehr gebräuchliches Arzneimittel, bei Wassersucht u. s. w. Als heidnisches Zaubermittel erwähnt von Isid. a. a. O.

17. *gladiolum* Siegwurz, Schwertel Ki., Iris germanica Me. Fi. B. S. 43; Zierpflanze, deren Zwiebel als Amulet getragen wurde, weil sie den Träger schufs- u. stichfest machen soll, daher auch „Allermannsharnisch" genannt.

18. *dragantea* Schlangenwurz (Ant.) Artemisia dracunculus (Me. Ki., Sprengel, Kerner, Langkavel) dragun, (Ki.) Estragon, Kaisersalat, zu Suppen, Salat, Essig u. Senf verwendet. Nach Fi. B. S. 53 ist dr. eine Arumart, aber welche gemeint ist, lasse sich nicht mit absoluter Sicherheit ermitteln.

19. *anesum* Anis Bo., Pimpinella anisum, Fi. B. 133; Gewürzpflanze, reich an äther. Oelen, auch als Heilmittel gegen Verschleimung u. s. w.

20. *coloquentidas* Koloquinten, Citrullus Colocynthis, Schrader; Koloquinte, vgl. Fi. B. S. 54; Cucurbita colocynthis, momosdica Elaterium (?) Me.; wilde Kürbis Ki., drastisch purgirendes Heilmittel.

21. *solsequiam* Heliotrop, Cichorium intybus, Cichorie, Me. Fi. B. S. 106; Heliotropium Ki.; Sonnenwirbele, Valerianella olitoria; junge Blüthen als Salat, die Wurzeln von Cichorium intybus als Gemüse, die Blüthen auch als Färbemittel gebraucht.

22. *ameum* Bärenwurzel, Ptychotis coptica (Ammi copticum L.), Koptische Haardolde, Ammi (majus?) Fi. B. S. 66; Ammi majus, Me. Bärkümmel Ant. und Flückiger (nicht Meum athamanticum, Plinius 20, 23, 94); Ammi (Plin. 20, 15, 58) bedeutet eine Pflanze aus der Familie der Umbelliferen, welche schon sehr früh (s. z. B. bei Scribonius Largus, sec. 1) zu Heilzwecken verwendet wurde. S. Flückiger in der Apothek.-Ztg. 1892, No. 95.

23 *silum* Sesel, kann kaum anthriscus cerefolium (?) sein Me., da dies (s. No. 70) besonders aufgezählt ist, sondern wie ameum eine aromat. Frucht aus der Familie der Umbelliferen, zu Heilzwecken (z. B. Theriak) frühe verwendet; hierüber Flückiger in der Schweiz. Wochenschrift f. Pharmacie 1881, No. 11 und in der Apothek.-Ztg. a. a. O. Nach Fi. B. ist silum wahrscheinlich das Laserkraut (siler montanum Crantz, Laser = pitium siler L. Fi. B. S. 65.

24. *lactucas* Salat, lactuca sativa, Me. Fi. B. 104 Salatpflanzen, wie Kopf-Sommer-, Winter-, Schnittsalat, kannten schon die Römer. Heilkraft s. Isid. Etym. XVII, 10. — Bedingt verboten Regula Bened. c. 39; C. monast c. 10: Bo. S. 344.

nasturtium, parduna, puledium, olisatum, petresilinum, apium, levisticum, savinam, anetum, fenicolum, intubas, diptamnum, sinape, satureiam, sisimbrium, mentam, mentastrum, tanazitam, neptam,

---

25. *git* Schwarzkümmel Ki. nigella sativa Me. Fi. B. 132; melanthium Hehn S. 185; früher officinell, jetzt wie der gemeine Kümmel verwendet.

26. *crucam albam*, eruca sativa Me. Gartenrauke, Rokka, Rauke Fi. B., weifser Gartensenf Ki., Gewürzpflanze, zum Einmachen von Gurken u. s. w.

27. *nasturtium* Kresse (Ant.) Brunnenkresse, lepidium sativum. (Me. Fi. B.) früher officinell, schon von den Römern als Heilmittel verwendet; jetzt als Salat.

28. *parduna* (? Ki. Me.) Klette; Lappa tormentosa = Arctium Bardana. Die Klettenwurzel gilt als altes Arzneimittel gegen Gicht u. veraltete Hautübel. Nach Fi. B. 59 ist die Klette (bardane = parduna?) von jeher mit ähnlichen Blattpflanzen verwechselt worden und es ist daher nicht möglich, anzugeben, welche Pflanze im Cap. gemeint ist.

29. *puledium*, mentha pulegium sive pulejum Me. Fi. B.; Poleiminze, Flohkraut Ki.; Pfefferminze, als magenstärkende Gewürz- und Arzneipflanze längst geschätzt.

30. *olisatum* Myrrhendolde, Smyrnium olusatrum Me. Fi. B. 120; Rofseppich Ki.; schwarzes Gemüse (= olus atrum), früher Arznei u. Gemüse Fi. B. a. a. O.

31. *petresilinum* Petersilie, s. Asnap. Bericht c. 29; Bo. 255. Apium petroselinum Me. Fi. B. 120; in vielen Richtungen als Heilmittel (zertheilend) gebraucht; auch Küchengewächs.

32. *apium* Sellerie, Eppich Fi. B; s. Asnap. Bericht c. 29; Bo. 255; apium graveolens Me. Fi. B. 119. Wurzel als Salat, Gemüse und Arzneimittel, Kraut als Küchengewächs und als Schutzmittel gegen Gifte verwendet. (Das Apium der Römer ist nicht der Sellerie, sondern die Petersilie, Ambrosia nach Isid. Etym. XVII, 10.)

33. *levisticum* Liebstöckel Ki. Fi. B.; im Asnap. Bericht c. 29; libesticum Bo. 255; Ligusticum levisticum, levisticum officinale Me.; früher als Brustmittel officinell. Vgl. Kluge, Etym. WB. S. 238.

34. *sabinam* Sadebaum, Ant. s. Asnap. Bo. c. 29. Juniperus sabina Me. Fi. B.; innerlich als bluterhitzendes Mittel, äufserlich gegen Geschwüre und Knochenfrafs gebraucht.

35. *anetum* Dill, Ant. Fi. B.; anethum graveolens Me. Fi. B.; Küchengewächs, Dillöl, Heilmittel.

36. *fenicolum* Fenchel (Ant.) als Gewürz schon im Alterthum sehr geschätzt; anethum fenicolum Me. Fi. B.; Fenchelöl, Heilmittel; schon auch Isid. Etym. XVII. 10.

37. *intubas* (vgl. oben N. 21), hier wohl cichorium endivia Me. Fi. B. S. 105 ff. Endivie, Scariol, Escariol; wenn solsequiam cichorium intybus bedeutet, dann also Endivie, Salatpflanze.

38. *diptamnum* Weifswurz Ki.; Diptam, dictamnus albus Me.; früher officinell. Nach Fi. B. 67, ist diptamnum entw. der Diptamdosten, Origanum dictamnus L. oder der gemeine Diptam, dictamnus albus; „nur der erste war den Alten bekannt und seine (wundenheilenden) Eigenschaften scheinen in späterer Zeit vielfach auf den zweiten übertragen worden zu sein".

39. *sinape* Senf, sinapis nigra Me.; altbekanntes Genufs- (Mostrich) und auch Heilmittel (Senfpflaster, Senfteig) s. oben c. 34, 44. „Möglicherweise ist im Capitulare mit sinape an der ersten Stelle (c. 34?, 44?) der schwarze, an der zweiten Stelle der weifse Senf gemeint." Fi. B. 108. Wefshalb?

40. *satureiam* Bohnenkraut Ki., Pfefferkraut, Quendel, auch im Asnap. Bericht c. 29; Bo. 255; satureia hortensis Me. Fi. B.; Isid. Etymol. l. XVII. c. 9: dicta a Satyris propter incendium libidinis etc. (S. 426 a. a. O.).

febrefugiam, papaver, betas, vulgigina, mismalvas, id est altaea, malvas, carvitas, pastenacas, adripias, blidas, ravacaulos, caulos, uniones, britlas, porros, radices, ascalonicas, cepas, alia, warenti-

---

41. sisibrium Brunnenkresse, Weifse Minze Bo.; nicht mentha aquatica wie Me., Sprengel u. A., sondern wohl sisimbrium officinale (gebräuchlicher Ranke) oder nasturtium, s. oben No. 27; vgl. Fi. B. 70 f.

42. mentam Minze. im Asnap. Bericht c. 29; Bo. 255; mentha crispa Me.; Gartenminze Ant. mentha piperita (vgl. Fi. B. 71 unten). Pfefferminze, altes magenstärkendes Heilmittel.

43. mentastrum Krauseminze, mentha crispa Gartenminze oder m. silvestris Me.; Rofsminze Ki. Fi. B. S. 72, im Asnap. Ber. a. a. O. Wie mentha (42) verwendet

44. tanazitam Rainfarren, Wurmkraut Ki.; im Asnap. Bericht c. 29 a. a. O.; tanacetum vulgare (Me. Fi. B. 74) wurde auch gegen Magenkrampf und Zahnweh verwendet.

45. neptam Katzenminze, nepeta cataria Me. Fi. B. 72.

46. febrefugiam Kleintausendguldenkraut Ki.; Erythraea ramosissima auch Gentiana centaureum genannt; Erythrea centaurium Me. Absud sehr altes Volksheilmittel gegen Verdauungsstörungen, vgl. Fi. B. S. 62 f.

47. papaver Mohn, papaver somniferum Me. Fi. B. 64. Altes Betäubungsmittel; mit dem Getreide als Unkraut nach Europa gekommen wurde der Mohn sowohl als Zierpflanze wie um seines efsbaren Samens willen gehalten; Zier- u. Nutzpflanze; leicht verdauliches Oel.

48. betas Runkelrüben, beta vulgaris Me.. Mangolt; Rothe Beet, Rothe Rübe Fi. B. 129. Gemüse, Viehfutter, jetzt zur Zuckerfabrikation.

49. vulgigina Haselwurz Ki.; asarum Europaeum Me. Fi. B.; früher als Brechmittel gebraucht.

50. mismalvas (hierzu enthält die HS. eine Glosse: „ibischa id est Bo. S. 90, Anm. 55; Eibisch Fi. B. (ahd. ibisca, mhd. ibesche. ybesch, griech. ἰβίσκος, auch ἐβίσκος und althaea alteas ἀλθαία, eine Art wilder Malve Plin. Diosco. 3, 163; wahrscheinlich althaea officinalis Me.; Wetterrose Ki.; altes beliebtes Volksheilmittel gegen Husten u. s. w.

51. malvas Malven (Alcea rosea) Me.; vgl. dagegen Fi. B. 128; Färbemittel und schon im Alterthum officinelles Heilmittel; vgl. Horat. Od. I. 31.

52. carvitas (über die Lesart vgl. Fi. B. 116), Carotten (Daucus carotta? Me. Fi. B.); Mohrrübe, als Viehfutter, Färbemittel und zu Heilumschlägen verwendet.

53. pastenacas Pastinaken, pestinaca sativa Me. Fi. B.; Gemüse und Viehfutter.

54. adripias Melde, Atriplex hortensis Me. Fi B.; Schiefsmelde Ki.; „wilder Spinat". Gemüse.

55. blidas, blitum capitatum Me.; oder Amaranthus blitum, Bo. 60 Fi. B. 129; Mainkraut, Amaranth, Erdbeermelde Ki.; Spinat, Gemüse. Dafs blidas nicht das blitum virgatum L. (Erdbeerspinat), hat Fi. B. S. 130 nachgewiesen.

56. ravacaulos Kohlrabi Ki. Fi. B.; brassica caulorapa Me. Kohlrübe; auch im Asnap. Bericht c. 29 a. a. O.

57. caulos Kohl, brassia oleracea Me. Fi. B., vielleicht Winterkohl oder Wirsing, Bo. 62; auch im Asnap. Ber. a. a. O.

58. uniones Zwiebeln Ki. Fi. B.; allium fistulosum Me.; vgl. dagegen Fi. B. 140, Bo. 63.

59. britlas Schnittlauch Ki. F. B.; allium schoenoprasum Me. Fi. B., Bo. 64.

60. porros Porree, allium porrum Me. Fi. B.; Loch, Porrhe Ki.; Perllauch, Perlzwiebel, wie uniones verwendet.

61. radices Rettiche Ki.; raphanus sativus Me. Fi. B.; als Zukost, aber auch oft früher als Volksheilmittel oder Schutz gegen Gifte verwendet, wie auch Isid. Etym. XVII, 10 bezeugt.

am, cardones, fabas maiores, pisos mauriscos, coriandrum, cerfolium, lacteridas, sclareiam. Et ille hortulanus habeat super domum suam Iovis barbam. De arboribus volumus quod habeant pomarios

---

62. *ascalonicas* Schalotten Ki.; ascolinum, aschlovch (?) Fi. B. 139; allium ascalonicum Me.; vgl. dagegen Fi. B. 138; Küchengewürz, urspr. aus Askalon nach Isid. Etym. XVII, 10; echalotte, scalogno Hehn S. 172.

63. *cepas*, Lauch, Zipolle, allium cepa Me.; auch im Asnap. Bericht a. a. O.; Bo. S. 90, Anm. 68; uraltes Gewürz- u. Genufsmittel Fi. B. S. 137 ff.

64. *alia* allium sativum Me.; Knoblauch Ki. Bo. S. 90, Anm. 69; wird wie cepa (No. 63) verwendet, aber auch als Heilmittel, s. Hehn S. 181. Fi. B. S. 142.

65. *warentiam* rubia tinctorum Me.; Färberröthe Ki. Fi. B.; Krapp Bo. S. 90, Anm. 70; s. auch oben C. de villis c. 43; zum Färben von Leinen und Wolle, zur Bereitung von Krapplack und Krapproth, früher auch als Heilmittel gegen Knochenkrankheiten verwendet.

66. *cardones* dipsacus fullonum Me.; Kardendistel Ki.; Weberkarden, s. auch oben C. de villis c. 43.; zum Aufkrazen der Wollstoffe verwendet, früher viel angebaut. Fi. B. nimmt mit Vorbehalt cardones für Cynara Cardunculus und Scolymus L. Artischocke mit ihren verschiedenen Rassen S. 121.

67. *fabas maiores* vicia faba Me.; Saubohne Ki. Fi. B. 100; Buffbohnen, Feld-, Gartenbohne, schon im Alterthum weit bekanntes Nahrungs- und Thierfuttermittel.

68. *pisos Mauriscos* pisum sativum, oder arvense, oder vicia Narbonnensis Me.; Türkische Bohnen, Maurische Erbse, wie Bohnen (Ziff. 67) verwendet. Die Gartenerbse (pisum sativum L.) ist nach Fi. B. eine Culturform der Felderbse (pisum arvensa L.), die an unserer Stelle jedenfalls gemeint ist. Pisi Maurisci wird von Reufs (Fi. Be 96) mit Mohrenerbse übersetzt, von Fi. B. braune Erbse. Vgl. Fi. B. 96 f.

69. *coriandrum* Koriander, coriandrum sativum Me. Fi. B. 133. Gewürzpflanze, deren Samen („Schwindelkörner") officinell ähnlich wie Kümmel (No. 12, 14) u. Anis (No. 19) verwendet, Ant. i. Asnap. Bericht: coliandrum, c. 29 a. a O., als Aphrodisiacum b. Isid. Etym. XVII, 10.

70. *cerfolium* Kerbel, scandix cerefolium Me.; Anthriscus Cerefolium Hoffmann; Kerbel, Gartenkerbel Fi. B. 126; zu Gemüsen, Suppen, Salat und zu Kräutersäften verwendet.

71. *lacteridas* Wolfsmilch, Springwurz (Ant.) Euphorbial athyris Me.; wurde auch als Heilmittel verwendet. Kreuzblättrige Wolfsmilch, Pillenkraut, Springkraut Fi. B.

72. *sclareiam* Muskateller Salbey, Salvia sclarea Me. Fi. B.; Scharlachkraut; giebt dem Wein angeblich Muskatellergeschmack.

73. *Jovis barbam* Jupitersbart, Götterbart, sempervivum tectorum Me.; Hauslauch, Hauswurz Fi. B. 79; auch Donnerkraut Bo. S. 90, Anm. 78; Kö. No. 4473; auf die Hausdächer gepflanzt, uraltes Hausmittel bei Wunden verschiedener Art. Der Hauslauch auf dem Dach galt auch als Schutz gegen das Einschlagen des Blitzes und war deshalb auf jedem Bauernhause zu finden. Vergl. Fi. B. 79; J. Grimm, Deutsche Mythologie, 4. Aufl., 1875, S. 152 f.; Ilwof, S. 426. — Anhang. Vettonica (betonica officinalis) ist die einzige im Asnap. Ber. c. 29 vorgetragene Pflanze (dort an letzter Stelle genannt), welche nicht auch im C. de villis genannt ist, Fi. B. S. 77; Ga. S. 233.

acrimonia ist die einzige im Bericht über Treola (Bo. 256, c. 37), nicht aber im C. de villis vorkommende Pflanze: Agrimonia Eupatoria L. Odermennig, wegen des Gebrauchs gegen Leberleiden in den Apotheken Lappula hepatica, Leberklette, genannt. Die Namen Ackermennig, Odermennig sind durch Entstellung aus agrimonia und dieses wahrscheinlich

diversi generis,*) prunarios diversi generis, sorbarios, mespilarios, castanearios, persicarios diversi generis, cotoniarios, avellanarios, amandalarios, morarios, lauros, pinos, ficus, nucarios, ceresarios diversi generis. Malorum nomina: Gozmaringa, Geroldinga, Crevedella, Sperauca, dulcia, acriores, omnia servatoria; et subito comessura; -primitiva. Perariciis servatoria trium et quartum genus, dulciores et cocciores et serotina.

*) pirarios diversi generis.

Explicit capitulare dominicum.

---

aus Argemone entstanden Fi. B. 76 f.

pomarios s. auch Asnap. Bericht Pirus allalus L., Apfelbaum Fi. B.

pirarios s. auch Asnap. Bericht Pirus communis, Birnbaum Fi. B.

prunarios Pflaumenbaum; prunos domestica L., Pflaume, Zwetsche (über dies Wort vgl. Fi. B. 152. Anm. 2) und p. insita, Kriechenpflaume, Haferschlehe, beide wahrscheinlich in Karls Garten vorhanden Fi. B. 153.

sorbarios Ebereschen, Ant. sorbus domestica Me.; Speierling, Spierling Fi. B. 147.

mespilarios Mispeln, Mespilus germanica Me. Fi. B. 148.

castanearios Kastanien, castanea vesca Me. Gaertner (Fagus castanea), echte Kastanien Fi. B. 159; nicht die erst von den Türken importirte Rofskastanie Hehn S. 348.

persicarios Pfirsiche Fi. B.; amygdalus persica Me.

cotoniarios Quitten Ant.; Cydonia vulgaris Me. Fi. B.

avellanarios s. Bo. S. 90, Anm. 84; corylus avellana Me.; Haseln. Zweifelhaft ist es, ob hier die Haselnufs (Corylus avellana L.) oder die Lambertnufs (C. tubulosa Willd.) gemeint sei. Fi. B. S. 160 giebt der Lambertnufs den Vorzug, ohne indefs die Haselnufs auszuschliefsen. Hehn S. 345.

amandalarios, s. Bo. S. 91, Anm. 85; Mandelbaum, amygdalus communis Me. Fi. B. 158.

morarios Maulbeerbäume, s. auch im Asnap. Bo. c. 29; morus nigra Me. Fi. B. S. 156; Hehn 336; moratum s. c. 34.

lauros laurus nobilis Me. Fi B.

pinus pinus cembra Me., pinus pinaster L. od. p. laricio Poiret Fi B. 161 f.

ficus ficus carica Me. Feigenbaum Fi B.

nucarios iuglans regia Me. Walnufs, ahd. nuz. Fi B. 159.

ceresarios prunus cerasus Me., prunus avium L. Süfskirsche Fi. B. S. 151: „Wenn Karl der Grofse verlangte, dafs Kirschen verschiedener Art in seinen Gärten gebaut werden sollten, so war diesem Befehl ohne Schwierigkeit nachzukommen, und wir können mit Bestimmtheit sagen, dafs daraufhin Süfskirschen gepflanzt worden seien; ob auch Sauerkirschen, läfst sich nicht mit voller Sicherheit entscheiden."

servatoria Daueräpfel (Bo. 91, No. 92).

primitiva Frühäpfel (Bo. S. 91, No. 93.)

ille hortulanus. ille = Artikel, fr. le, ital. il. Di. S. 182, II, 15, 27; Kö. No. 4078, vgl. c. 69 illos.

de arboribus. Es ist wohl Gu. C. S. 279, Anm. 2) beizustimmen, wenn er annimmt, dafs der Text von den Worten Malorum nomina an nicht mehr zum Capitulare gehört, oder wenigstens in der obigen Form nicht dazu gehört hat. Die Handschrift enthält ferner das oben S. 61 abgedruckte Stück eines Glossars, welches ebenfalls nicht zum C. de villis gehört.

Explicit, es schliefst, vgl. z. B. ed. Rothar. i. f. Pe. LL. IV, S. 90 mit den Varianten.

Register

der in den Anmerkungen erläuterten oder übersetzten Begriffe.

(Die Zahlen bedeuten, sofern nichts anderes beigefügt ist, die Kapitel des Capitulare, in deren Erläuterungen die Begriffe erörtert sind.)

Druck von Leonhard Simion in Berlin SW.

FSC
www.fsc.org
MIX
Papier | Fördert gute Waldnutzung
FSC® C083411

Kolibri 360 GmbH
Ferdinand-Jühlke-Straße 7
99095 Erfurt, Deutschland
produktsicherheit@kolibri360.de